はじめて学ぶ
社会学
Beginning Sociology

◆第2版◆

髙木 聖 ◆ 村田雅之 ◆ 大島 武 共著

慶應義塾大学出版会

第 2 版はしがき

　皆さんは社会学とどのように出会うのでしょうか。多くの人は大学や短期大学で社会学に関わる授業を履修し、はじめてふれる機会を得るのではないでしょうか。必修科目でいやおうなく登録する人もいるでしょうし、選択科目群の中から時間割の都合で選ぶ人もいるでしょう。いずれにしても「出会い」は大切です。

　そこで、はじめて社会学を学ぶ学生を想定し、教室で授業に出席している姿を具体的にイメージしながら、「読みやすく」、「わかりやすく」、「学習しやすく」書かれたのがこのテキストです。したがって、授業の進行に合わせて読み進めても、自分の興味と関心のままに読んでもかまいません。試験の直前に必要な部分だけを読もうとする人にとってもおそらく十分その期待にこたえることでしょう。

　社会学はひとつの学問体系ですから、その本格的な修得は決して容易ではありません。しかし、皆さんの場合は今回の出会いにより、その第一歩を確実に始めることが可能となります。まず、社会学を通じていままでわからなかった何かが解明されること、すなわち「わかったという満足」が得られることでしょう。また、卒業した諸君を待ち受ける世の中を正しく理解し、学生にはなじみにくい世間の常識とされていることが多少なりとも見えてくるでしょう。それにより、「なるほどという納得」が得られるはずです。さらに、いつかもう一度社会学を本格的に勉強してみよう、という気持ちになるかもしれませんし、いずれ見直すときがくるだろうという予感を抱くこともあるでしょう。

近年は実学志向が主流ですから、「社会学をやっていったい何になるの？」と思う向きもあるかと思われます。たしかに今日学んで明日役立つことは少ないかもしれません。資格・検定の取得には直接結びつかないのも事実です。しかしながら、すぐ役に立つことはすぐに役に立たなくなります。不透明な現代社会を生きていくうえでは、見えているものを正確に把握するとともに、見えにくいものをあえて見ようとし、また見極める力を養うことが不可欠です。多くの選択肢の中から本当に大切なものを選び出すと同時に、不要なものをあえて捨てる勇気を養うことも重要です。そうしたものの見方、考え方を本書が提供できればと念じてやみません。

　平成18年4月の初版出版以来、いくつかの大学等で教科書として採用されるなど多くの読者に恵まれてまいりました。執筆者一同、望外の喜びとするところです。このたび刊行10周年にあたり、新たな領域を加え全10章としてバージョンアップすることができました。
　最後になりましたが、今回の改訂にあたり、多数のご提案をたまわりました慶應義塾大学出版会の藤村信行様および村山夏子様に心から御礼申し上げます。

平成28年1月15日

髙木　聖
村田雅之
大島　武

目　次

第2版はしがき ……………………………………………… i

第1章　社会学とは何か……………………………………… 1
　　1　社会学とは ……………………………………………… 2
　　2　社会学による時代認識 ………………………………… 3
　　3　私たちは行為する ……………………………………… 5

第2章　社会学で考える ……………………………………… 15
　　1　遊び ……………………………………………………… 16
　　2　うわさ …………………………………………………… 19
　　3　自殺 ……………………………………………………… 22
　　4　流行 ……………………………………………………… 25
　　5　学校 ……………………………………………………… 28
　　6　結婚 ……………………………………………………… 31

第3章　社会学と集団 ………………………………………… 35
　　1　集団とは ………………………………………………… 35
　　2　集団のメカニズム ……………………………………… 36
　　3　集合体とは ……………………………………………… 40
　　4　群集の行動 ……………………………………………… 41
　　5　大衆の行動 ……………………………………………… 42

第4章　会社を理解する …………………………………………47
1　会社とは何か ………………………………………48
2　会社におけるルールと仕事 …………………………50
3　会社の組織 …………………………………………53
4　仕事と人間関係 ……………………………………57

第5章　産業社会の抱える諸問題 …………………………61
1　産業社会とは ………………………………………61
2　産業社会の本質 ……………………………………62
3　産業社会の特徴 ……………………………………65
4　産業社会の直面する諸問題 …………………………67

第6章　高齢社会を迎えて ……………………………………73
1　高齢化とは …………………………………………73
2　高齢化の要因 ………………………………………74
3　高齢化の問題点 ……………………………………78
4　高齢化のもたらす経済面への影響 …………………79
5　高齢化のもたらす社会面への影響 …………………81
6　高齢社会の展望 ……………………………………82

第7章　メディアと社会 ………………………………………87
1　メディアへの依存 …………………………………87
2　ゲートキーパー ……………………………………90
3　メディア社会を生きる ……………………………92

第8章　情報と社会 …………………………………………97
　　1　自己成就的予言 ……………………………………97
　　2　自己破壊的予言 ……………………………………101
　　3　自己成就と自己破壊 ………………………………103
　　4　戦略的な予言 ………………………………………106
　　5　私たちに求められること …………………………112

第9章　個人・集団・地域・社会 ………………………115
　　1　社会的ジレンマ ……………………………………115
　　2　フリーライダー ……………………………………119
　　3　集団の凝集性 ………………………………………123
　　4　より深い学びのために ……………………………126

第10章　現代社会に求められるもの ……………………129
　　1　家族 …………………………………………………129
　　2　倫理 …………………………………………………133
　　3　労働 …………………………………………………136
　　4　社会学を学んだ皆さんへ …………………………139

事項索引 ……………………………………………………143
人名索引 ……………………………………………………146
著者紹介 ……………………………………………………巻末

第1章　社会学とは何か

《第1章のポイント》
1. 「社会学」とは、「人間」に関するものなら何でも研究し、「現代」がどのような社会であるかを解明しようとする学問です。
2. 「社会学」でいう「現代」とは、行き詰まりつつある「近代」とまだ訪れてはいない「未来」との過渡期のことです。
3. 「社会学」の主人公である「人間」は、本人にとって意味のある「行為」をする存在であり、人々の「行為」が「社会」をつくっています。

　社会学とは、どのようなものでしょう。これは、はじめて社会学を学ぶ人の多くが抱く疑問です。たとえば、英語や数学などの授業科目の場合、中学や高校での経験からすぐにその内容が思い浮かびます。大学では、きっと今まで学んだことからさらに発展した内容を学ぶはずですし、自分が得意か不得意か、どの程度できるか、ということまでわかるでしょう。また、心理学や経済学と聞けば、何を学習するかはある程度想像がつくでしょう。ところが、社会学は多くの人たちにとって大学に入って（あるいはもっとあとになって）はじめて出会うばかりか、その内容がどうもイメージしにくいものです。

　そこで、この章ではまず「社会学とは何か」を定義することから始めます。いわば、ガイダンスに参加して「社会学の自己紹介を聞いてみよう」というわけです。皆さんが社会学を学ぼうと思った理由はさまざまでしょうが、何はともあれ、ご縁があって社会学と出会った皆さんが、

この出会いを大切にしてくれることを期待しています。

1 社会学とは

　心理学が人間の心理を学び、経済学が経済のしくみを学ぶのと同様に、社会学は社会を学ぶものです。では、社会とは何でしょうか。社会とは「人間と人間の関わり」のことです。およそ人間は政治制度のもとで労働にいそしみ、経済行為を行い、教育を受けています。したがってそこでは、ルールを決める⇔ルールに従う、賃金を払う⇔賃金にみあう労働を提供する、商品を売る⇔商品を買う、知識や技術を教え伝える⇔知識や技術を習い身につける、という人間と人間の関わりが成立しています。また宗教を信仰したり、家庭生活を営んだり、罪を犯したりする場合もあります。ここでも、布教する⇔信仰する、愛する⇔愛される、盗む⇔盗まれる、など、やはり人間と人間の関わりがあるのです。

　すると、こうした人間と人間の関わり、すなわち政治、労働、経済、教育、宗教、家族、犯罪など、私たちの身近にあるすべてのものが社会学の対象となりうることになります。要するに、人間に関するものすべてを観察し、分析することで、現代がどういう社会なのかを明らかにしようとする学問、それが社会学なのです。

　ただし、ここで一つ注意すべきことがあります。人間と人間の関わりという場合、私たちは無意識のうちに複数の人間がいる状態を思い浮かべがちですが、社会学ではたとえ一人であっても社会は成立する、と考えます。たとえば部屋の中にいて一人でＣＤを聞いたり、ＤＶＤを見たりしている状態。こうした場合、彼（彼女）はその音楽や映像を制作した人間（あるいは人間たち）との関わりを持っていると考えられるからです。作家・太宰治の作品は多くの読者を引きつけてやみませんが、自分

だけに語りかけてくれているような錯覚を読者に起こさせる彼の作風が人気の秘密である、という指摘もあります。これはまさに、文学作品を通じて、読者が作者と関わりを持っていることを表す好例といえるでしょう。

> **「社会学」の誕生**
> 「社会学」という名称が誕生したのは意外に新しく、フランスの思想家オーギュスト・コント（1798～1858）が1839年に著書『実証哲学講義』第4巻の中ではじめてこの言葉を使用したといわれています。

2 社会学による時代認識

　社会学は人間と人間の関わりを研究し、現代がどういう社会なのかを明らかにするものだ、ということがわかりました。では、「現代」というのは、どのようにとらえたらよいのでしょうか。いうまでもありませんが、「いま（現在）」は過去と未来の中間に位置しています。そこで、社会学における過去・現在・未来のとらえ方をご紹介しましょう。

　皆さんは日本の歴史を学ぶ際に奈良時代、平安時代、鎌倉時代などという歴史区分に基づいて「過去」を見てきたと思いますが、社会学ではそんなに細分化しません。人類の過去は「前近代（プレモダン）」という言葉で一括りにされます。「近代」が確立する以前、という意味でまとめられるのです。

　次に、「いま」という時間を瞬間的にではなく、ある程度の幅のある期間としてとらえ、現在に至るまで続くものとみなしたのが「近代（モダン）」という用語です。近代（モダン）には次のような特徴があります。

図1-1　社会学の時代区分

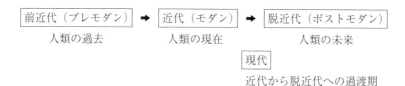

(出典) 森下伸也『社会学がわかる事典』日本実業出版社、2000年、から作成。

①民主主義
　近代の政治的な特徴。国民主権、基本的人権の尊重、法の支配などを原則とする制度。
②資本主義
　近代の経済的な特徴。生産手段の私有による商品の生産が認められ、富の蓄積および企業活動の拡大が経済活動の中心となる体制。
③アーバニズム
　近代の社会的な特徴。大規模かつ高密度で社会的に異質性の高い居住地としての都市に特徴的な生活様式。
④人間中心主義
　近代の文化的特徴。人間を世界の中心に置き、人間本位に社会あるいは自然を解釈しようとする傾向。

　そして、こうした近代を形作るさまざまな原理は行き詰まりを見せており、新たな原理が確立される未来までの過渡期のことを社会学では「現代」と位置づけています。ちなみに、人類の未来は「脱近代（ポストモダン）」と総称されています。したがって、「現代」とは「近代」の特徴を持ちながらも、それだけではすべてが説明できなくなった最近の状況を指しています（図1-1）。

3 私たちは行為する

(1) 行為の成立

さて、社会学の舞台を「現代」に設定したところで、いよいよ主人公——私たち人間——の登場です。社会学では人間が何かをすることを「行為（action）」といいます。行為が成立するために必要な条件は、それが本人にとって意味を持っていることです。ちょっとわかりにくいですが、これは「行動（behavior）」と比較するとよくわかります。

たとえば、皆さんが同じように「電車に乗る」という「行動」をした場合でも、人によって「通勤する」、「恋人に会いに行く」、「買い物に行く」など、異なる意味を持つ行為となります。また、外見上何もしていない（＝行動していない）ように見える場合にも、実は「若い頃のことを思い出している」、「相手の出方をうかがっている」、「人知れず悩んでいる!?」などの行為を行っている場合もありえます。さらに、本来なら何らかの行動に出るべきときに「あえて無視する」という行為を選択する場合もあるはずです。

この行為の出発点となるのは人間のさまざまな「欲求」です。そして、その欲求を満たすのにふさわしい「目的」が設定されます。ただし、そのためにはさまざまな「資源」が必要となります。さらに「価値」や「規範」に基づく判断が要求されます。たとえば「お金をもうけたい」という「欲求」を満足させるためには、それなりの才覚や人間的魅力といった「資源」が必要です。しかも「お金をもうけることは決して悪いことではない」という「価値」に基づいていればこそ、行動することができます。また「借りたお金は返さなければならない」あるいは「人をだましてはならない」という社会に共有された「規範」を守りながら、「会

図1-2　行為の成立図式

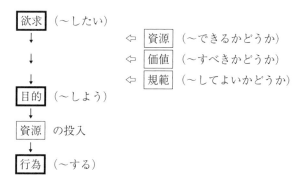

（出典）森下伸也『社会学がわかる事典』日本実業出版社、2000年、から作成。

社を設立する」という適正な「目的」が設定されるわけです。その「目的」の実現に向けて、資本や知識、情報などの「資源」が具体的に投入され、ようやく商品を生産し、販売して利潤を求めるという「行為」が成立するのです（図1-2）。

(2)　行為の種類

「行為」というものについて、さらに考えてみましょう。まず、行為をその性質に従って分類します。

「行為」は「目的」との関係から、二つに大別することができます。

①自己充足的行為

　それ自体が目的になっている行為。行為そのものが快楽であることが多い。

②手段的行為

　ある目的を達成するための手段としての行為。時には苦痛を伴う場合

もありうる。

　たとえば多くの場合、遊びは「自己充足的行為」であるのに対して、労働は「手段的行為」であるといえるでしょうし、同じように自動車を運転していても、ドライブを楽しむ場合には「自己充足的行為」、通勤の場合には「手段的行為」として区別されます。

> **「授業に出る」という行為**
> 　大学の授業に出席するのは、多くの学生にとって（残念ながら）「その授業の単位を取得する」ための手段的行為ですが、そのことはさらに「大学を卒業する」ための手段的行為につながり、場合によっては「職業に就く」ための手段的行為にもなっています。このように、「手段的行為」はより大きな目的を達成するために、長期的に連結させることもできる概念です（ちなみに、大学の先生方は、授業が「自己充足的行為」にもなるよう日々奮闘しているわけですね）。

(3) 行為の類型

　また、ドイツの思想家M. ウェーバーは「行為」を次のような四つの類型に分類しています。

①伝統的行為
　ふだんの生活の大部分を占めており、特に考えることなく行われる行為。たとえば、朝起きたときに顔を洗うこと。
②感情的行為
　その場の個人的な感情に基づいて行われる行為。たとえば、悲しくて思わず泣いてしまうこと。

③価値合理的行為

　自分の価値観に従い、目前の状況に対して積極的に働きかける行為。たとえば、道端に落ちているごみを見つけてそのままにできず、拾ってゴミ箱に捨てること。

④目的合理的行為

　ある目的を達成するために複数の手段の中から選択して行われる行為。たとえば、結婚相手を探すためにお見合いパーティに参加すること。

　①、②は「非合理的行為」、③、④は「合理的行為」として二つにまとめられることもあります。

(4)　欲求段階説

　さて、「行為」の大まかな分類を終えたところで、行為をもたらすものについて考えてみましょう。まずは、「行為」の出発点にある「欲求」です。アメリカの心理学者A. マズローは人間の「欲求」を次の五つの段階に分けるとともに、人間は下位の欲求から上位の欲求へと順次満たしていくように動機づけられているものと考えました（図1-3）。

①生理的欲求

　食物、睡眠など生存に直結した欲求。

②安全的欲求

　衣服や住居など自分を保護しようとする欲求。

③社会的欲求

　集団への所属や仲間に受け入れられたいという欲求。

④尊厳的欲求

　他人から尊敬されたい、自尊心を満たしたいという欲求。

図1-3 A.マズローの欲求段階説

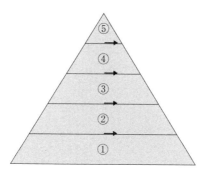

（出典）大山秀一『これだけは知っておきたい「マーケティング」の基本と常識』フォレスト出版、2003年、から作成。

⑤自己実現的欲求
　自分の人生観に基づき、潜在能力を最大限に生かしたいという欲求。

　①、②を「身体的欲求」、③、④を「社会的欲求」、⑤を「精神的欲求」と三つに分類することもできます。

(5) 満足の公式

　次に「行為」によって「欲求」が満たされた状態、つまりゴールとなる「満足」について考えてみましょう。皆さんは、満足に公式があることをご存知でしょうか。「満足の公式」とは、

$$\boxed{満足度} = \boxed{充足量} \div \boxed{欲求量}$$

で表されます。これは、満足度が欲求量（どれだけ望むか）と充足量（どれだけ満たされるか）という二つの量の「相対的」関係で決定されることを示しています。では、皆さんが満足度を高めようと思ったら、どうす

第1章　社会学とは何か

ればよいでしょうか。もちろん、①充足量を大きくする、②欲求量を小さくする、という二通りの方法が考えられます。

多くの場合、「身体的欲求」（たとえば食欲）には欲求量自体に限界があり、充足量をその水準に到達させることで満足感を得ることができます。そのため、充足量を大きくする（たとえば、腹いっぱい食べる）ことにより比較的容易に満足度を高めることができます。ところが、「社会的欲求」や「精神的欲求」（たとえば権力欲）には際限がなく、充足量をいくら増やしてもなかなか満足を得ることができません。そのため、満足度を上げるためには欲求量を小さくすることが必要になります。

⑹　**資源の分類**

次は、「行為」を可能にしてくれる「資源」です。ある「目的」を実現することで「欲求」を満足させるためには、その「行為」を可能にするための条件がそろっていなくてはならないでしょう。プロのサッカー選手になりたければ、それ相応の運動能力が必要でしょうし、厳しい練習やチーム内の人間関係に対する忍耐力も欠かせないでしょう。社会学では、このように「行為」を可能にするために必要なすべてのものを「資源」と呼んでいます。少し難しい表現をすると、「資源」とは「行為」の現実性を推進するもの、ということになります。

「資源」は次の四つにおおまかに分類されます。

①物的資源

　物質的なもの。たとえば原材料、道具、機械など。資本（お金）も含める。

②人的能力資源

　人間の持つ能力。たとえば身体能力、知識、経験など。

③人的関係資源

　目的のために他人に働きかける力。たとえば権力、地位、信用など。

④情報資源

　主に視聴覚に訴えるメディア。文字、音楽、映像など。

　たとえば、通勤電車の車内広告を見て、降りたホームの売店で週刊誌を買うという「行為」を考えてみましょう。車内広告（④）により週刊誌（④）の記事を読みたい、という「欲求」が生まれ、見出しの内容を詳しく知りたい、あるいは本当にそうなのか確かめたい、という「目的」を実現するためにホームの売店（③）で貨幣（①）と交換にそれを入手できる、という知識や経験（②）からこの「行為」が実行されるわけです。

(7) 価値・規範

　今度は、私たちの行為を制限したり促したりする力、「価値」と「規範」について考えてみます。「価値」と「規範」とは密接に関係していて、簡単には区別できませんが、ここでは次のように理解しておきましょう。社会には「生き物を殺してはならない」とか「盗みを働いてはならない」といった具体的なルール、すなわち「規範」が数多く存在しています。そしてその背後には、「生命は尊いものである」とか「他人の権利を侵害してはならない」といった、より抽象的で社会全体に共有されている「価値」が存在し、「規範」の根拠になっている、という考え方です。もちろん個人個人の「価値」はある程度異なっていますが、一般的かつ共通の「価値」が社会を成立させている、ともいえるでしょう。なぜなら、「価値」が共有されなければ「規範」が成り立たず、社会が崩壊してしまうからです。

> **「価値」は一定ではない**
> 　社会に共有される「価値」は時代とともに変化することがあります。たとえば、わが国においても、かつて「お国のために死ぬ」ことが最高の尊敬に値する時期がありました。また、「価値」をめぐって対立が生じることもあります。たとえば、経済発展を優先するか自然保護を優先するか、といった対立などです。

　さて、「規範」とは「欲求」や「目的」に制約を与え、「行為」を制御することによって社会に一定の秩序や安定をもたらすものです。「規範」は「行為」に対して自由を制限する程度によって三つに分類されます。

①慣習
　誰もが当然のものとしている行為の様式。通常、従わなくてもペナルティを課せられることはない。
②習律
　慣習の中で、そのとおりにしないと周囲に迷惑をかけるもの。従わないと注意されるなど、何らかの制裁を加えられる可能性がある。
③法
　習律からさらに進んで、従わないものには公式な制裁（罰則）が用意されているもの。

　たとえば、朝知人や友人に会ったときには「おはよう」などとあいさつを交わしますが、これが「慣習」です。特に疑問を抱くことなく、当然のように誰もが日常的に行っています。まれにこれを行わない人がいた場合、奇異に見られることはあっても、具体的なペナルティを与えら

れることはありません。しかし、その地域で指定された方法でごみを出すことになっている場合にはどうでしょうか。決められた曜日に従う、燃えるか燃えないかによって分別する、あるいは指定された袋に入れて出す、といったルールを守らない場合、指導を受けたり、回収してもらえなかったり、などのペナルティが与えられます。これが「習律」です。幼児を誘拐したような場合には、もちろん、社会の構成員の合意に基づいてしかるべき刑罰に服することが要求されます。これが「法」です。

「規範」には、次の二つのメリットがあると考えられています。

①個人の「行為」を制限することで、社会を安定させ、秩序をもたらす。
②「行為」のモデルが提示されることで、考える時間や労力が省かれる。

①はすぐにわかりますね。人々が自分の欲求のままに好き勝手な行為をすれば、社会の秩序が乱れ、誰も安心して楽しく暮らすことなどできなくなってしまいます。②は少し説明が必要でしょう。「〜しなければならない」あるいは「〜してはならない」というルールが存在することによって、人間は自分のとるべき行為をおのずと限定し、その中で選択することができます。その分だけ、ある行為をすべきかどうか、思い悩む手間が省けるわけです。これを社会の「規範」による「負担免除」とい

犯罪や自殺が増えている背景

「規範」が人間の「行為」をコントロールできなくなった状態を「アノミー」といいます。これはフランスの社会学者エミール・デュルケム（1858〜1917）が考えた概念で、非行、犯罪、自殺など、「規範」からの逸脱行為を説明するために用いられています。最近の犯罪や自殺の増加は、まさにこの概念で読み解くことができるでしょう。

います。

(8) 社会化

　こうして、社会の「価値」や「規範」を学ぶことによって、私たちは社会の中で一人前の人間として生活できるようになります。これが「社会化」です。「社会化」とは、個人が他者との相互作用を通じて自己を発達させ、その社会や集団に適合的な行動様式を学習し、獲得するプロセスのことだといえます。

　この「社会化」には、次の二つの段階があります。

①第一次社会化
　個人が家庭内で母子関係を中心として、言語や行動様式など社会全体に共通で基本的なことがらを習得する過程。
②第二次社会化
　学校や職場などでその集団ならではの規範やふさわしいとされる行動パターンを学習する過程。

　たとえば、ジェンダー（社会や文化によって形成される性差）は第一次社会化の対象です。いわゆる、しつけがそれにあたります。これに対して、学校や企業にはそれぞれ構成員に期待されている固有の行動様式があり、それを身につけることではじめて一人前のメンバーとして認められることになります。第二次社会化の機会として、新入社員研修を挙げることができます。

（髙木　聖）

第2章　社会学で考える

《第2章のポイント》
1. 私たちの身近にあるさまざまな現象について「社会学的」に考えることができます。
2. 遊び・うわさ・自殺・流行・学校・結婚などのテーマに正面から取り組み、興味深い知見を示した先人たちがいます。
3. 先人たちの考えにふれることで、私たちは、社会学の大いなる可能性と限界に思いをいたすことができます。

　前章では、社会学とは何かというテーマで、社会学に自己紹介をしてもらいました。この章では、私たちにとって身近な社会現象を取り上げ、それを社会学的に考えてみたいと思います。
　・「遊び」には、息抜き以外に何か特別な意味があるの？
　・「うわさ」はどういう理由で、どんなふうに伝わっていくの？
　・「自殺」をする率が高い社会とそうでない社会があるのはなぜ？
　・「流行」は人に差をつけるため？　それとも人と同じにするため？
　・いやいやでも「学校」には行かなきゃいけないものなの？
　・「結婚」は一生しない、こんな選択はどうだろう？
　もちろん、ここで取り上げるテーマのすべてが社会学だけで説明しつくせるわけではありません。ただ、こうした身近な問題に取り組んだ研究者たちの知見にふれることは、私たちに考えるヒントを与えてくれるはずです。

1 遊び

(1) 遊びの社会学的意味

「よく遊び、よく学べ」という言葉があります。また、「遊んでばかりいないで、もっと勉強しなさい」といういい方もします。遊びは大切だけれど、遊んでばかりもよくない、このあたりが私たちの平均的な遊び観でしょうか。

古くはプラトンが、人間を「神の遊び道具」と呼び、真面目に楽しく遊ぶことを人間にとっての最高の行為と位置づけました。しかし、人間にとっての遊びの意味や遊びと文化の関係について社会学的な考察が始まったのは、そう古いことではありません。「遊び」研究の古典ともいうべき考えを示したのは、20世紀に活躍したオランダの歴史学者J.ホイジンガです。彼は、人類を表す「ホモ・サピエンス（知性ある人）」に加える概念として、「ホモ・ルーデンス（遊ぶ人）」を提唱しました。遊びこそが人間と他の動物とを区別するものであり、人間の文化はいわば遊びの中で始まったというのが彼の考えです。ホイジンガによる遊びの形式的特徴を見てみましょう。

①自由な行為である。
②物質的利益を追求しない。
③時間的・空間的に限定されている。
④秩序が大切で、そのためのルールがある。
⑤他の（遊び以外の）行為から隔離されている。

彼は遊びの形式的特徴として自由を挙げ、命令された遊びはもはや遊

びではないといい切っています。みずからの自由意思で、時間的空間的な限定の中でルールを遵守しつつ行為する、遊びはこれでなかなかエネルギーを要するものなのかもしれません。

(2) 遊びの四類型

ホイジンガの研究の跡を継いだのが、フランスの思想家R.カイヨワです。彼は遊びをその性質から四つに分類しました。

①アゴン（競争）

アゴンはギリシャ語で「競技」を意味します。野球やサッカーをはじめとするほとんどのスポーツ、将棋や囲碁などがこれに該当します。ルールが重視され、能力や戦術が勝敗に大きく影響します。

②アレア（偶然）

アレアはラテン語で「賭け」を意味します。運がすべてを左右するような遊びで、じゃんけんやルーレット、宝くじがこれに分類されます。麻雀やトランプなど運と実力の両方が関係する遊びはアゴンとアレアの両方の要素を持っています。

③ミミクリ（模倣）

ミミクリは英語で「真似」を意味します。ふるまって遊ぶことで、ままごとや積み木、仮装、カラオケなどがあてはまります。俳優の演技や楽器奏者の演奏もこちらに分類されています。

④イリンクス（めまい）

イリンクスはギリシャ語で「渦巻」を意味します。不快と紙一重のような物理的な刺激、それによる知覚のかく乱を楽しむ遊びで、ブランコやジェットコースター、スキーなどが該当します。

以上の類型は、その分類キーの立て方などについて批判もありますが、遊びを考えるための枠組みを提供するものとして意味のあるものといえるでしょう。

　物質的利益を追求しないことを遊びの定義づけの一つに用いたホイジンガとは異なり、カイヨワはギャンブルや宝くじなど、賭と偶然の要素を遊びの範疇に加えました。一方で彼は、遊びの非生産性を指摘し、ものやお金を賭けることで富の移動はあるにせよ、遊びを通してはいかなる新しい価値も生み出されていないことを強調しています。「遊んでばかりじゃだめ」の論拠はどうやらこのあたりにありそうです。

(3)　遊びと教育

　もちろん、仮に非生産的だとしても、遊びが無駄なもの、意味のないものというわけではありません。遊びによって心身ともにリフレッシュし、次の生産活動につなげることもできるでしょう。また、見逃してはならないのが、遊びの教育的効果です。公園の砂場で友達と砂遊びをし、喧嘩したり、大泣きしたりしながら人は学びます。友達がせっかく作った山を自分が突然壊したらどうなるか、一つしかないシャベルをずっと独占したらどうなるか……。経験をとおして人は人間社会におけるルールを一つ一つ身につけていくのです。トランプやボードゲームでは、勝つためにいろいろ工夫しなければならないし、とっさの判断力も必要です。小さい子はゲームで負けるとこの世の終わりのような気分になりますが、やがて気持ちを切り替えることを覚え、次のゲームに新たな気持ちで臨むことができるようになります。上手に歌おうと一生懸命マネをする、その模倣がやがて大きな創造に結びつくこともあるのです。

　「よく遊び、よく学べ」の格言は、遊びと勉強のバランスをとるというのがもちろん第一義です。これに加えて、「よく遊び、その遊びの中から

よく学べ」という戒めとして考えてみるのもいいでしょう。

> **遊びのパッケージ化**
>
> 　東京ディズニーランドに行くと、多くの人は、緻密に構成されたディズニーの世界に感動し、また圧倒されます。ロールプレイング式のコンピュータゲームをやると自分が中世の騎士になった気分を手軽に味わえます。人間は石ころと葉っぱだけでも楽しいゴッコ遊びができるし、バットとボールがあれば何時間でも野球で盛り上がれるものですが、一方でこうした遊びの商品化・パッケージ化の傾向は止まりそうにありません。かゆいところに手が届くような大がかりな遊びが洪水のようにあふれることが、たとえば遊びの教育的効果にどのような影響を与えていくのでしょうか。

2　うわさ

(1)　うわさはなぜ起こる？

　「俳優の〇〇は実はカツラらしい」「△△教授の科目は、レポートの最後に参考文献をびっしり書いておくと優がもらえる」。出所も真偽もはっきりしない、それでいてちょっぴり興味をそそられる、私たちはそんな「うわさ」に時々出会います。うわさ、流言などと呼ばれる現象はなぜ起こるのでしょうか。

　社会学において、うわさは「社会的な事柄に関して、人から人へと非制度的かつ連鎖的コミュニケーションによって伝えられるもの」などと定義され、流言も一般にほぼ同義と考えられています。信じるに足る証拠が明確に提示されないのが特徴ですが、必ずしも嘘とは限らず、意図

的に虚偽の情報を流す「デマ（デマゴギーの略）」とは明確に区別されます。心理学者のG．オルポートとL．ポストマンは、うわさについて以下のような定式を出しました。

$$\boxed{うわさの流布量} = \boxed{問題の重要さ} \times \boxed{証拠の曖昧さ}$$

つまり、自分たちにとってどうでもよいことはうわさにはならない、また、たとえ重要なことであっても状況に関する明確な情報が与えられていればうわさの発生する余地はないということになります。自分たちに関連する事象についての知識が不明確なとき、人々は不安を持ち、その不安から逃れるために自分たちの共有する物語が必要になる、すなわちうわさ・流言が誕生するのです。

(2) うわさの実例研究

有名なうわさ研究に、「オルレアンのうわさ」があります。1969年フランスの地方都市オルレアンでは、こんなうわさが立ちました。「ユダヤ人の経営する最新のおしゃれなブティックの試着室で、若い女性が薬で眠らされ、外国に売られている」。このうわさは事実無根でしたが、信じ込んだ群衆が当のブティックの前に集まり騒ぎになったため、広く知られるところとなりました。フランスの社会学者E．モランによれば、このうわさの原因は、発生源となった少女たちの性に対するイマジネーションや不安感、流布のメディアになった地方都市の人々の最新ブティックに対する警戒感、そしてユダヤ人に対する人種的偏見などが複合的に作用したものでした。

日本では、1973年に愛知県で起こった豊川信用金庫の事件が有名です。女子高校生3人のグループの1人がこの信用金庫から内定をもらったところ、別の1人が「信用金庫なんてあぶないよ」とひやかすようにいい

ました。この軽口が人づてにまわり、となり町のクリーニング店の奥さんの耳に入りました。この人は、そのときは気にもとめませんでしたが、この店に電話を借りに来た男性がまったくの偶然に「豊川信用金庫から120万円おろすように」と話しているのを聞き、うわさが真実だと信じてしまったのです。その後、この人は親戚・知人や近所の人にも知らせ、最後には5日間で約20億円の預金が同信用金庫から引き出されました。この事件は、警察の捜査によってうわさの発信源や経路が特定されたという点でめずらしい事例といえます。

(3) うわさの功罪

オルポート＆ポストマンによれば、うわさには以下の特徴があります。

①情報が短く要約される。(平準化)
②特定の要素のみが誇張される。(強調)
③伝え手や聞き手の偏見や感情により情報が歪められる。(同化)

「オルレアンのうわさ」では、ユダヤ人の店という点がことさらに強調されたという点で②の特徴を、豊川信用金庫の例では、「信用金庫なんてあぶないよ」という（特に根拠のない）一般的意見が、途中で「豊川信用金庫」という具体的企業を指す内容に形を変えたという点で③の特徴をよく表しているといえるでしょう。

無責任に伝播され、途中で形を変えることもあり、誰も責任を持たず、果ては抗議行動や取り付け騒ぎ……。うわさには百害あって一利なしのようにも見えてしまいます。しかしながら、新聞やテレビなどのいわゆるマスメディアが発達する以前、人々が社会の変化を知るにはうわさを頼るしかありませんでした。現在でも、こうしたマスメディアを通した

情報に対する一種の「おさえ」として、口コミによるうわさの伝達を重要視する考え方もあります。ただ、一般的な慣習として、私たちは流れてきたうわさが、最終的に真実だと確認できたとき、その情報をもはや「うわさ」とは呼ばない……。このあたりにうわさというものの悲しい宿命があるようです。

都市伝説

「ピアスの白い糸」というお話を知っていますか？「耳にピアスの穴をあけた少女が、穴から糸くずのようなものが出ているのに気づきました。それをとってみたら、実は視神経とつながっていて少女は失明してしまいました」。根も葉もないうわさが定着したこのような話を都市伝説と呼びます。これは民俗学や文化人類学で語られる村落共同体の「伝説」との対比で生まれた言葉で、「都市化が進んだ現代における伝説」といった意味です。都市伝説はうわさの一形態と考えるのが一般的で、「有名ハンバーガーチェーンは猫の肉を使っている」とか「某家電メーカーの製品は保証期限が過ぎたとたんに壊れるように設定されている」といった企業にまつわるうわさもこの中に分類されます。

---

3 自殺

(1) 社会における自殺

自殺とは、いうまでもなく自分の意思にしたがって自分の生命を断つことであり、人間固有の行動です。自殺は個人の究極の選択であり、そこに至るにはたとえば多額の借金とか、重い病気とかさまざまな不幸の要因が考えられます。しかし、こうも考えられないでしょうか。一見パ

ーソナルに見えるこれらの不幸の要因も、そして人が「死にたい」と思うほどの不幸のどん底に落ちる確率も、どんな社会においてもマクロ的に見れば、そう変わらないのではないか……。ところが実際は、各国の自殺の統計を調べると、自殺率は高い国と低い国で何十倍も差が出るのです。この差をどう説明したらよいのでしょう。

(2) 自殺の類型

社会のあり方と自殺の関係を論じた先駆的存在が、フランスの社会学者E.デュルケムです。彼は著書『自殺論』の中で自殺をその動機・要因から以下のように類型化しました。

①集団本位的自殺
　集団の価値が強調される社会で起きる自殺。個人が所属集団に強い忠誠心を持っていたり、または持つことを強制されたりするような場合に起きやすいとされます。企業の不祥事の責任をとって管理職が自殺すること、江戸時代の武士が所属する藩や家の名誉を守るためにする切腹などがこれにあたります。
②自己本位的自殺
　逆に社会的な連帯感が希薄で個人主義の強い社会でも、自殺は起きやすくなるとされます。人は周囲に悩みを打ち明けることも少なく、孤独に陥りやすいからです。ヨーロッパで個人主義の傾向の強いプロテスタント圏の自殺率がカトリック圏よりも高いこと、家族と同居している人よりも単身者の自殺率が高いことなどは、この論理で説明できます。
③アノミー的自殺
　社会の規範の拘束力がほとんどなく、何をしてもよい、というような状態になると人は不安な気持ちになります。デュルケムはこのような状

態から引き起こされる自殺をアノミー的自殺と名づけました。規制から解放された自由のもとで欲望が肥大化した結果、葛藤が生じ、自殺につながると考えられるのです。

現代は、集団主義から個人主義、強い規範を持つ社会から緩やかな規範の社会という流れになっており、アノミー的自殺や自己本位的自殺が増える傾向にあるといえるでしょう。

(3) 自殺研究の方法論

ところで、日本国内だけで年間約3万人の自殺者（交通事故死の7倍以上）がいる現状、自殺は大きな社会問題です。人が自殺したときに「あー、あれはアノミー的自殺だね」などと解説しても何の意味もないではないか、こんなの役立たずの研究だ！と考える人もいるかもしれません。これは半分は合っていて半分は間違っています。自殺を考える場合、デュルケムのような社会学的手法と、個々の症例を分析・研究し、自殺者の心理過程に一定の法則を見出そうとする心理学的・精神医学的手法があり、そのどちらにも重要な意味があるのです。

複雑化する一方の現代、一つの学問体系ですべてのことが説明できるわけではありません。これはあらゆる社会現象に共通のことですが、自殺というこの深刻なテーマは、そのことを端的に示しています。

アノミー

社会的規範の動揺や崩壊などによって生じる欲求や行為の不統合状態のことをいいます。デュルケムの提唱した概念で、彼はこれを近代社会の病理と見ていました。アメリカの政治学者S.デ・グレージアはアノミーを以下のように類型化しています。

急性アノミー：敗戦や革命など、社会の中心的価値体系が急激に崩壊することによって引き起こされる混乱状態のこと。
単純アノミー：社会の中のさまざまな価値観や規範の間に葛藤が起こり、不安や疎外感が感じられている状態のこと。

4 流行

(1) 流行を生み出す心理

　テレビドラマを見ていて、ふと違和感を持つことがあります。「あれ、なんか変だな……、そうかこれ、再放送か……」。多くの人が好んだ服装、アクセサリー、言葉遣いなどが、ある程度ときを経てみると妙に古くさいもののように見えてしまう、こうした現象はよく「流行」とか「はやり」などと呼ばれますね。流行という現象については、大きく以下の三つの特徴が指摘されています。

①今までにないような新しさを持っていること。(新奇性)
②一定の期間を過ぎると廃れてしまうこと。(一時性)
③ある程度多くの人を巻き込み、空間的広がりもあること。(規模と影響力)

　もちろん、ある現象がずっと廃れずに残る場合もありますが、社会に定着した時点で、もはや流行とは呼びません。また、マイブームという言葉があります（これも流行語だったのかもしれません）が、自分一人、または周囲の少人数だけで盛り上がっているケースなどは流行とはいえません。

図2-1　流行を追う心理

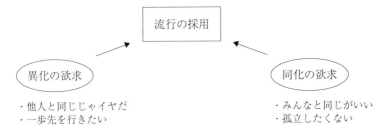

　流行を受け入れる、あるいは積極的に追い求める人々の行動をどのように考えたらいいのでしょうか。ドイツの社会学者G. ジンメルは、異化と同化の欲求で説明しました（図2-1）。

　本来、自分だけの独自性を求める異化の欲求と、周囲との同質性を求める同化の欲求は相反するもののはずです。この相矛盾する二つの欲求が相互的に作用して流行を形作っていくとジンメルは考えました。「流行を先取りしたい」は異化、「流行に乗り遅れるな」は同化の心理を表しているといえるでしょう。

(2)　流行の普及過程

　流行が普及していくプロセスに関連する興味深い研究を行ったのが、アメリカの社会心理学者E. ロジャーズです。彼は、人々が新しいアイディアや行動様式（イノベーション）を採用していく時間的な経過に着目し、五つのプロセスを提示しました（図2-2）。

　ロジャーズによれば採用者が10〜20％くらいに至った時点から、新しい行動様式は急速に普及することになります。一部マニアの間でのちょっとした傾向に終わるか、本格的流行に発展するかの境目はこのあたりにありそうです。

図2-2 流行の普及プロセス

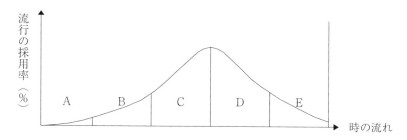

A……新しモノ好きの人(革新者)のみが採用。まだ流行とはいえない。
B……新しいものに敏感な人が採用。流行の始まり。
C……ある程度流行が認知されてから採用(前期追随者)。流行のピーク。
D……流行が大きな広がりを見せてから採用(後期追随者)。
E……流行遅れの人が採用。流行は衰退し、やがて消える。

(出典) E.ロジャーズ『イノベーション普及学入門』産業能率大学出版部、1982年、から作成。

(3) 演出された流行

　ところで、一般に流行という現象は、他者からの圧力や統制を伴わない、自発的な行為の結果として生み出されるものと考えられます。しかし、経済価値の高い(お金になる)ものでもあるため、ビジネスの立場から流行を演出するということは実は頻繁に行われています。もちろん、作られた流行という印象を持たれないように工夫しながら……。演出された流行でも別に実害はないのかもしれませんが、何となくシャクな感じもします。「流行におどらされるな」はこうした仕掛けに対する警戒感をも含んだ言葉なのかもしれません。

> **一世を風靡する？**
>
> 　かつて子どもからお年寄りまで、誰もが口ずさむような「流行歌」がありました。歌にせよ、ファッションにせよ、最近はすべての人を巻き込むようなビッグヒットは出にくいようです。人々の指向の多様化は著しく、企業サイドもマーケット・セグメンテーション（市場細分化：たとえば20代女性などとターゲットを絞って商品開発をする）によって、中ヒットねらいに努めています。誰もが同じ家電製品に憧れ、同じ音楽に親しんだ時代も今は昔。紅白歌合戦の視聴率の低下も、あながちＮＨＫのせいとばかりはいえないかもしれません。

5　学校

(1)　学校制度の歴史

　このテキストの読者の中には、みずからの関心から手に取った人ばかりでなく、大学のテキストとして指定されたという理由で読んでいる人もいるでしょう。小学校、中学校、高等学校、大学、専門学校……、私たちは、あるときは選択の余地なく、またあるときは自分の意思で学校に通います。学校とはいったい何なのでしょうか。学校には皆が行かなければならないのでしょうか。

　学校というものの歴史的発展を見てみると、古代ギリシャでプラトンが設立したアカデメイア（アカデミズムの語源）にまでさかのぼることができます。ただし、これは現在の学校とは異なり、学びたい人が集う一種のサロンのようなものでした。その後、ヨーロッパにおける学校は、主に貴族や聖職者などの特権階級のものとして発展しました。この過程

はもっぱら貴族・士族の子弟のみが学校的な教育を受けた日本の場合も同様で、学校は歴史的には、「余裕のある、身分の高い人たちのもの」だったと見ることができます。

　学校を考えるうえで興味深い研究は、フランスの歴史家P．アリエスのものです。彼によると、中世までは子ども期という概念がなく、幼児期を過ぎると皆、小さな大人として扱われ、学校では10代前半の人も20代の人も一緒に勉強していました。「子ども」という概念が登場するのは歴史学でいう近代からで、このことが、若年時にはちょっとした年齢の差でも大きな違いがあることに配慮し、同じ年齢の人を同じ空間に集めるという現在の学校を生み出していく土台となったのです。

　現代的な公教育制度が形作られていったのは、日本でいえば明治維新の頃で、他の欧米諸国が制度を整備したのもほぼ同時期です。国民国家が形成される中で各国とも自国にふさわしい国民を作り出すために公教育を必要としたのです。

(2)　学校の矛盾と存在意義

　社会学はよくわからないけれど、学校にならいいたいことは山ほどある！という人は少なくないでしょう。「こんな勉強して本当に役に立つの？」「つまらない授業にまでなぜ出なければならないの？」「校則で生徒の自由をしばる必要があるの？」などなど。すべてではないにせよ、学校の持つ強制性というものがしばしば問題として提起されるのは事実です。

　フランスの思想家J．-J．ルソーは、子どもは芽生えて間もない若木のような存在で、大人たちの偏った人工的な教育環境から解放され、できるだけ「自然な状態」で育つことが理想であると考えていました。オーストリアの批評家I．イリイチの場合は、アンチ学校色がさらに鮮明です。

彼は、学校は何を学ぶべきかを提示し、それを教えるという環境を維持することにより、子どもたちに受動的な態度を身につけさせるばかりで、本来持っていた自律的に学習する能力を奪っていると主張しました。社会学における学校というものの評判はどうもあまりよろしくないようです。
　ただ、こう考えることもできるでしょう。学校がたとえさまざまな矛盾をはらむものであったとしても、社会全体もまたしかりです。人生の比較的早い段階を適度な温度管理のある場所で同年代の友達と過ごし、だんだん外の世界を知るのも悪くないと思われます。無理矢理覚えた歴史の年号があとで懐かしくなることもありますし、くだらない校則から解放されて得られる喜びは、校則があったからこそともいえるのです。学校は、社会で必ず出会う矛盾やそれに対する忍耐をあらかじめ学ぶところ、と決めたら、開き直りすぎでしょうか。

勉強と学問

　「皆さんはこれまで、いわば強いて勉める『勉強』をしてきたわけですが、これからは大学生として、みずから学び問いかける『学問』をする時期に入るのです」。入学式や新入生オリエンテーションなどで、大学の先生がよく使ういい回し。学びというものに対する能動性の大切さを強調しています。

　でも、実際には、中学や高校でやってきた勉強が、大学で突然すべて学問に変わるわけではありません。自分の興味から関連するテーマをいろいろと調べて、自分なりの思索をめぐらせた経験を持つ高校生もいることでしょう。また、それとは逆に、大学に入っても単位のための『勉強』専門、という人も少なくないかもしれませんね。

6 結婚

(1) 社会における結婚の意義

　価値観が多様化する現代においても、多くの人が人生のある時期に結婚をしたいと願い、また実際にそうしています。一方、生涯を独身で過ごす人も少なくありません。人が人として生きていくうえでの絶対条件ではないにせよ、多くの人がある意味当然のこと、重要なことと認識している結婚（婚姻）という現象（あるいは制度）をどのように考えたらいいのでしょうか。

　イギリスの社会学者W. スティーブンスは、結婚について以下の四つの属性を提示しました。

①性的関係を社会的に承認する。
②公に披露することにより始まる。(結婚式や婚姻届けなど)
③持続的である。
④契約関係が成り立つ。(生活を維持するための協力、子どもの養育など)

　もちろん、結婚にはこうした原則的な要素に加えて、歴史的あるいは文化的な要素もあります。たとえば、現在、多くの人に共有されていると思われる「恋愛の結実としての結婚」という概念も、必ずしも普遍的なものではありません。結婚が家や一族を繁栄させるための手段としてのものであったり、政略的な意味合いが強い文化も知られています。

　結婚の利点にはどのようなものがあるでしょうか。社会にとっては、性的秩序の維持のほか、(子どもが生まれることによる) 社会の成員補充や、親族関係による社会的結合の拡大などが挙げられます。また、個人にと

図2-3　欲求相補説に基づく夫婦のパターン

支配－服従 ＼ 世話－受容	夫－世話 妻－受容	夫－受容 妻－世話
夫－支配 妻－服従	イプセン型 （人形の家型）	主人－召使い型 （亭主関白型）
夫－服従 妻－支配	サーベリアン型 （かかあ天下型）	母－息子型

（出典）森岡清美・望月嵩『新しい家族社会学 四訂版』培風館、1997年、から作成。

っても、人生のパートナーを得られる充実感や、性的欲求の充足、社会的信用の獲得といった側面があります。

(2) **欲求相補説**

　ところで、結婚をパートナーの獲得と見る場合、その選択行動について興味深い研究があります。社会学者R.ウインチが面接調査とその詳細な分析によりまとめたもので、彼はこれを欲求相補説と名づけ、提唱しました。それによると、たとえば人の世話をするのが好きな人は、それを受容する（世話を喜んで受け入れる）タイプの人に惹かれる、というようにお互いが補完し合うような関係を求めます。ウインチは「世話」と「受容」、「支配」と「服従」の二つの傾向の組み合わせをキーとして、図2-3のような四つの相補的な夫婦のパターンを提示しました。

(3) **結婚事情の変化**

　結婚の形態やその社会的意味合いは時代の流れによっても変化します。平安時代は内縁や同棲のような関係も結婚と認める事実婚が主流の考え方でしたし、夫婦別姓が優勢でした。家の繁栄のために子孫を絶やして

はならない江戸時代の大名などの場合、多くの側室を持つ、一夫多妻制が普通でした。現代においても結婚をめぐる状況は変化し続けています。戦前にそれぞれ70％と30％程度だった見合い結婚と恋愛結婚の比率は1960年代に逆転し、今は結婚の約90％が恋愛結婚となっています。

　社会の規範が緩やかになり、以前は「するのが当たり前」と思われていた結婚も、個人の自由な選択肢の一つに過ぎないと捉えられるようになりました。結果として、平均的な結婚年齢が高くなる（晩婚化）、結婚しない人が増える（非婚化）、子どもを持たない夫婦が増えるといった傾向が強まってきています。さらに近年は、同性同士の結婚がすでに認められている国もあります。現在の状況は、伝統的な結婚観では捉えきれないレベルにまで変化しつつあるといえるでしょう。

ラッセルの結婚観

　イギリスの思想家B．ラッセルは、1929年に出版した著書『結婚と道徳』の中で結婚外の性交渉の正当性を指摘しました。配偶者以外に対する性衝動は抑えがたいものであるから、それを認め、むしろそのことに伴う嫉妬心をおさえる方がよいという主張です。

　キリスト教的道徳観の強かった当時の社会状況の中で、ラッセルの見解は多くの人の反感を買い、彼は一時、内定していた大学教授の地位を取り消されるほどの窮地に陥りました。たしかにこの主張には、当時ほど社会的規範の強くない現在でさえ、違和感を持つ人が少なくないでしょう。さまざまな社会現象に真摯な態度で向き合い、イギリス的良識の象徴ともいえる存在のラッセルも、結婚に関する考えについては、やや ラジカルな少数派だったようです。

（大島　武）

第3章　社会学と集団

《第3章のポイント》
1. 特定のメンバーの間で、それ以外の人間たちとは質的に異なる相互作用を継続的に行うつながりを「集団」といいます。
2. 「集団」は「個人」と「社会」の中間にあって、両者を媒介する役割を担っています。
3. 偶然に基づいてメンバーが不特定であり、相互作用が継続的でないつながりは「集合体」と呼ばれます。

　人間はさまざまな「集団」に属して生活しています。そこでこの章では集団とは何かを明らかにしてから、そのメカニズムを考察します。また、「集団」とは異なる概念として「集合体」を取り上げ、その内容をそれぞれ検討していきます。

1　集団とは

　「集団」とは、①構成員が明確であり、②その範囲の中で有効な相互作用を、③継続的に行う、個体の集合のことをいいます。たとえば、家族のメンバーは互いにわかっていること、家族内での相互作用は家族以外の人には及ばないこと、さらに日常的に長期間にわたって行われることから、家族は「集団」であるとみなすことができます。同じように、学

校、企業、地域などもまた「集団」と考えることができます。

2 集団のメカニズム

「集団」は個々の人間と社会全体の中間にあると同時に、双方を媒介する役割を果たしています。

(1) 個人に対する集団の意義
個人に対する集団の役割として、以下のような点が挙げられます。

①個人ではできないことが集団なら可能となる。
②集団の形成や集団への所属は「社会的欲求」を充足させる。
③集団によってそのメンバーは他の集団や社会から保護される。

たとえば、一人で商品を生産・販売するよりは会社という集団でそうした行為を行った方が、はるかに大きな利潤をあげることができるでしょう。なぜなら「分業」を導入することによって、目的がはるかに効率的に達成されるからです。分業には、「水平的分業（ヨコの分業)」と「垂直的分業（タテの分業)」とがあります。「水平的分業」とは社員の採用は人事部、商品の販売は営業部、給与の計算は経理部、のように役割を分担することです。一方「垂直的分業」とは役員、部長、課長などの階層化を行い、指揮・命令系統を明確にすることです。また、組織の円滑な運営のためには規則が必要となります。このように、一定の機能のために個々をまとめることを「組織化」といいます。集団の目的が明確でその規模が大きいほど、つまり任意団体よりは企業の方が、中小企業よりは大企業の方が、一般的に「組織化」が進展しやすい傾向があります。

また、集団に所属することは通常何かを実現するための「手段的行為」と考えられますが、「自己充足的行為」になる場合もあります。一般的に目的が不明確な集団ほど「自己充足的」な色彩が濃くなる傾向があります。気の合う仲間同士でグループを作り、いつもグループで行動しようとすることなどは、その好例として挙げることができるでしょう。
　さらに、多くの場合、集団はその構成員を他の集団などから保護します。国家が国民の生命や財産を守る、というのがそれにあたります。ただし、これは必ずしもいえることではなく、逆に集団がその構成員に無理難題をふっかけたり、不当に扱ったりする場合もあります。企業や団体が本人の希望しない業務を命じたり、不本意な部署に配置したりして、自発的な退職に追い込む場合などがそうです。

(2)　社会に対する集団の意義
　社会に対する集団の役割として、以下のような点が挙げられます。

①社会的分業
　社会全体にとって必要なことを集団がそれぞれ分担して行うこと。
②価値や規範の同化
　集団の価値・規範が社会全体に同調的な場合には、個人が集団への所属を通じて社会全体に同調することが期待できること。

　たとえば、企業という集団は商品の生産や販売を担当し、学校という集団は教育や能力開発を担当する、という具合に細分化され、それぞれの機能を効率よく実現することができます。
　また、勤勉性や奉仕の精神といったことが会社員や学生・生徒に徹底されることにより、社会的な進歩がもたらされたり、住みやすい環境が

つくられたりすることにつながります。ただし、「集団」の中には、一部の宗教団体などに見られるような反社会的なものもあり、社会全体にとって脅威となる場合があることも否定できません。

(3) 集団凝集性

「集団凝集性」とは、集団の機能が十分に発揮され、その目的が達成されている場合に集団の構成員に自然に生まれる共通の感情のことをいいます。メンバー相互の信頼感や連帯感が高まれば、集団としてのパワーをいっそう強化することにつながります。逆に「集団凝集性」がまったく存在しないとすれば、その集団はもはや存続不可能といえるでしょう。

「集団凝集性」の存在により、自分の所属している集団とその他の集団に対する意識には、明確な境界線が設けられます。その結果、集団は慣れ親しみ離れたくないと思う「内集団」と敵対する相手とみなす「外集団」に区別されることになります。これは、アメリカの社会学者W.サムナーの指摘によるものです。「内集団」と「外集団」との区別が明確にあらわれ、他の集団と対抗するようになればなるほど、「集団凝集性」は高められます。オリンピックをはじめ、各種スポーツのワールドカップにおいては、すでに予選の段階から各国でナショナリズム（国家主義）が台頭し、さまざまなメディアもそれをあおる場合が多いので、国民はその方向に誘導される傾向があります。場合によっては、国民の関心をそこに集中させることにより、時の政権に都合よく利用される場合もあります。

また、集団の内部に「外集団」を意図的につくり、「スケープゴート」にすることで「集団凝集性」を高める方法があります。フランスの思想家R.ジラールは社会の背後には常に「スケープゴート」への暴力のメカニズムが作用している、と指摘しています。

> **いじめ**
>
> 　学校の中で起こる「いじめ」の問題を考えてみましょう。いじめる側は一人（あるいは少数）を「スケープゴート」に仕立て、多数をもって痛めつけます。いじめに参加することで仲間意識を確認するわけです。したがっていけないことと知りながらも、自分が次の標的になることを恐れて、集団から離脱できずにいる場合があります。

(4) 集団の分類

集団には、以下のような対概念による分類法があります。

①ゲマインシャフトとゲゼルシャフト：F.テンニース

　ゲマインシャフトは「本質意志」に基づく結合体で感情の融合により、結合そのものに意義がある集団。たとえば家族、村落など。

　ゲゼルシャフトは「選択意志」に基づく形成体であり、利害・打算的な結びつきを特徴とする集団。たとえば株式会社など。

②第一次集団と第二次集団：C.クーリー・R.パーク

　第一次集団は対面的で親密であり、直接的に相互作用をかわす小規模の集団。たとえば家族、地域社会など。

　第二次集団は何らかの目的を達成するために組織され、間接的な相互作用をかわす大規模な集団。たとえば企業、政党など。

③コミュニティとアソシエーション：R.マッキーバー

　コミュニティは一定の地域で同じようなライフスタイルを持ち、同じ集団に属しているという感情を共有している集団。たとえば村落、都市など。

　アソシエーションは特定の目的のために意識的に結合し、形成された

集団。たとえば企業、学校など。
④基礎社会と派生社会：高田保馬
　基礎社会は地縁や血縁に基づいて結合している集団。たとえば村落や家族など。
　派生社会は文化的な関心や利害の共通性に基づいて結合している集団。たとえば企業、宗教団体など。

　これらの対概念は類似の同系統にそれぞれまとめることができます。つまり、ゲマインシャフト、第一次集団、コミュニティ、基礎社会はいずれも偶然に生じたといってよい集団であり、「基礎集団」とまとめることができます。一方のゲゼルシャフト、第二次集団、アソシエーション、派生社会はいずれも人為的な計画や指導に基づく集団で、「機能集団」とみなすことができます。目的が明確でその規模が大きいほど「組織化」が進むと前に述べましたが、その観点からいえば、「基礎集団」よりは「機能集団」の方が組織化が進む傾向にあることは間違いないでしょう。

3　集合体とは

　「集団」と似ていながら、異なる概念として以下の四つを挙げることができます。これらを総称して「未組織集合体」あるいは「集合体」と呼んでいます。集団との違いとしては、①偶然性、②メンバーの不特定性、③相互作用の非継続性、などが挙げられます。

①集まり
　空港の待合室や歩行者天国など、同じ場所に偶然いるというだけの人人。目的や関心がそれぞれ異なっており、相互に無関心である。もし関

心があったとしても、あたかも関心がないかのように振る舞うのが特徴。
②群集
　目的や関心がある程度同じであり、一定の場所に集っている多数の人々。スポーツ観戦や芸術鑑賞など受動的な状態の群集はオーディエンス（会衆）、破壊・テロなど自発的に活動している状態の群集はモッブ（乱衆）、とさらに区別される場合もある。
③公衆
　新聞やテレビなど、主にマス・メディアを通じて間接的な相互作用を行う不特定多数の人々。「群集」は「同じ場所にいる」という空間的制約を受けるが、「公衆」はそうした制約を受けないため、より多数を形成することができる。世論をみずから形成する合理的・能動的存在として肯定的にとらえられる場合が多い。
④大衆
　マス・メディアによって意見や行動を左右される不特定多数の人々。非合理的・受動的な存在として否定的にとらえられることが多い。

4　群集の行動

(1)　群集心理

　ル＝ボンやG.タルドらの「群集心理学」によれば、「群集」の主な特徴は以下の四点です。つまり、一種の催眠状態にあるといえるでしょう。

①理性が低下し、物事をきちんと考えられなくなる。
②興奮しやすくなる。
③責任観念を失う。
④暗示にかかりやすくなる。

「群集」は目的や関心を共有している部分が大きいので、類似性が非常に高い人々ということができます。このような状況である一定の刺激が与えられ、誰か一人がそれに反応して感情を表すと、周囲に合わせて行動しようという気持ちから「模倣」が生じ、次々に「伝染」し、全体を覆い尽くします。また、他人の感情が伝染していく場合、往々にしていっそう激しい感情の高ぶりがもたらされるため、「群集」全体の行動は次第にエスカレートしていきます。このような場合、自分をコントロールして、周囲に飲み込まれないでいることは非常に困難であるとされています。したがって、コンサート会場はファンの熱気に包まれ、大いに盛り上がるでしょう。

(2) 集合的沸騰

E.デュルケムは群集が経験する興奮状態を「集合的沸騰」と呼び、人間にとってこのうえない幸福であると考えました。この感情は自分と他人との間にある壁が壊されて、自分という存在が無限に受け容れられていくかのような感覚から生まれる、と説明されています。たとえば、サッカーチームのサポーターが仕事を休み、高い費用を負担してわざわざ海外まで応援に出かけたり、街頭に大型スクリーンを設置して群集状態をあらかじめつくったうえで観戦したりするのも、こうした快楽を追求するからにほかなりません。

5 大衆の行動

(1) 大衆社会論

「大衆社会」とは、自分の意志を持たず、受動的に行動する市民が大多数を占めており、その動向によって全体が方向づけられるような社会の

ことを指しています。また現代社会をそのようにとらえる見解を「大衆社会論」といいます。Ｊ．オルテガが第一次世界大戦後に用いてから普及したとされています。オルテガは「大衆」を次のように特徴づけています。

①個性を持たない。
②同調しやすい。
③現状に満足している。
④責任感を欠いている。
⑤わがままである。
⑥下品である。
⑦社会について深く考えない。

　なお、この七つの人格的特徴を正反対にしたものが大衆と対極にある「エリート」の条件になります。

①よい意味での個性を有する。
②行動が自律的である。
③向上心が強い。
④責任感を持っている。
⑤公共の利益を優先する。
⑥高い品格を備えている。
⑦社会全体を導こうとする意識が強い。

　オルテガは本来エリートの資質を持つべき立場にある人々までもが大衆化していることを問題視して、文明の衰退に懸念を示しました。

> **フーリガン**
> 　サッカーにおけるフーリガンはおなじみなのに、ラグビーではそうした例を聞いたためしがありません。それはなぜでしょうか。誤解を恐れずにいえば、これらのスポーツの発祥の地である本場英国では、ラグビーは「エリート」のスポーツ、サッカーは「大衆」のスポーツとされているからです。「エリート」は幼少時から厳しくしつけられているとともに、警察につかまれば失うものも大きいはずです。それに対して、「大衆」は粗暴な言動になじんでいるうえに失うものが少ないため、歯止めがききにくいのです。

(2) 大衆による社会の変化

　「大衆」が登場したことにより、さまざまな領域で大きな変化が生じました。

①政治の変化

　制限選挙（身分や所得などによって参加が制限される選挙の方法）から普通選挙（一定の年齢になれば誰もが選挙権・被選挙権を持てる選挙の方法）への制度変更により、「大衆」の意見がそのまま政治に反映されるようになった。そのため、「大衆」の意向を実現すべき政策をかかげた候補者が当選しやすくなったと指摘する向きもある。しかしながら、「衆愚政治」に陥る危険性が高まったともいえよう。

②経済の変化

　消費者が他人と同じ規格の商品を何ら抵抗なく受け入れ、大量に購入することから、大量生産＝大量消費システムが確立された。同時に企業と「大衆」を媒介する存在として、マス・メディア（新聞、雑誌、テレビ、

ラジオなど大量の情報を伝達する媒体のこと）が成長し、マス・コミュニケーション（マス・メディアを介して伝達される社会的コミュニケーション過程のこと）が発達した。またそれらを可能とする交通・通信網が整備された。

③情報の変化

マス・メディアを通じて、いっせいに同一の情報が大量に、しかもくりかえしくりかえし発信されることになった。一方、人間関係が希薄になった人々は次第にマス・メディアへの依存を高めていくことになった。

(3) 大衆社会における文化

現代のわが国は、もはや完成された大衆社会の水準にあると見てよいでしょう。したがって、P.ブルデューが説明したような所属階級による文化的差異は小さくなっています。以下では、わが国における大衆社会を文化の面から考察してみましょう。

①普及と一般化

豊かな社会が実現したことにより、かつては上流階級だけのものと見られていた文化が広く一般に普及するようになったこと。たとえば、大学進学率の上昇、ゴルフやテニスの流行、ブランド志向など。

②標準化

マス・メディアの発達に伴い、それらが発信する文化が広く受容され、文化が画一化の方向に向かうこと。たとえば、若者たちのファッション、新しい言葉遣いなど。

③アウラの消滅

アウラとは注意を集中させる神秘性のこと。かつての芸術作品は希少性が高かったので、おしなべてそうした雰囲気を持っていたが、科学技

術の発達、とりわけ複製技術の発明・改良の結果、芸術作品からアウラが失われることになった。いまや芸術作品といえども、大衆にとっては単なる消耗品に過ぎない。このような大衆社会における芸術の末路を指摘したのは、W.ベンヤミンである。

④伝統の衰退

　当然のことながら、上流階級の人口は少なく大衆の人口は多いので、大衆に迎合した商品やサーヴィスが製造・販売されることになる。その結果、大衆文化（たとえばジーンズやパチンコ）の勢力は拡大する一方、次の世代に伝えられるべき高尚な文化は徐々に消失する懸念がある。

（髙木　聖）

第4章　会社を理解する

《第4章のポイント》
1. 会社はその事業活動によって、私たちの社会において大きな役割を果たしている存在です。
2. 仕事を効率的に行うためにさまざまな研究がなされ、合理的工夫が行われますが、これでよいという究極はなく、常に変革が求められています。
3. 会社の中で、個人が最大限の力を発揮するためには、ルールに基づく管理だけでなく、よりよい人間関係が大切です。

　この章では、会社という存在を特に人や組織、仕事といった観点から見ていきます。私たちは、多かれ少なかれ会社というものと関わって日々生活しており、その意味で会社は社会に欠かすことのできない装置です。
　よく「学生と社会人の違い」などといういい方をします。「社会人」は社会学で用いる語ではなく一般用語ですが、学校を卒業して、会社あるいはそれに準ずる団体に就職した人を指す文脈が多いようです。もちろん、社会人＝会社人というわけではありません。しかし、会社におけるルールや行動規範は、社会全体のそれと共通する部分が大きいのも事実で、会社的な考え方、常識を学ぶことは社会において必要な常識を知ることにつながります。
　会社のしくみや、仕事のしかた、組織のあり方、職場の人間関係、こうしたテーマは経営学という範疇に分類するのが普通です。ここでは、

社会学を学ぶ人にとって、あるいは社会人としての常識といえる基本的な内容を中心に解説します。

1 会社とは何か

(1) 企業と会社

　子どもが主人公のドラマやアニメ番組などでは、「お父さんは平凡な会社員」という設定が多いようです。ごく平均的な家庭で起こるさまざまな出来事、こんな主題が少なくありません。でも、人間の生活形態や職業に平均などとれないことも自明で、正しくは多数派の職業というべきでしょう。現在日本には150万以上の会社が存在し、多くの人がそこで働いています。また、会社に勤めていない人でも、そこから商品を買ったり、サービスを受けたり、お金を引き出したりしています。会社は、社会というシステムの中で大きな影響力を持つ存在なのです。

　ところで、社会学では実はあまり会社という言葉は使わず、もっぱら企業という語を用います。企業は、たとえば「財やサービスの生産、販売などの活動を継続的に行う組織体」などと定義されます。企業と会社、この二つの関係を見てみましょう（図4-1）。

　国や自治体が主体とならない企業（私企業）のうち、個人企業は一般に自営業とも呼ばれ、会社は法人企業の一形態と見ることができます。

(2) 会社の三大特徴

　会社には三つの特徴があります。

①一定の目的のために集まった人間の集合体であること。(社団性)
②法的な義務と権利を持っていること。(法人性)

図4-1 企業の形態

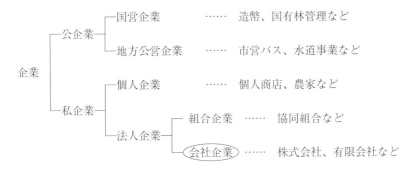

(注) 2006年施行の新会社法以降は、新たに有限会社を作ることはできなくなりました（今ある有限会社は存続が認められています）。

③利益を追求すること。(営利性)

　以上から、会社とは「営利を目的とした社団法人である」ということができるでしょう。営利目的というと、「何だ、金儲けか」と多少ネガティブに感じる人もいるかもしれません。しかし外部との緊張関係を維持しつつ、合法的に利益を追求する中で、結果的に会社は、社会において多面的な機能を担っていることになるのです。たとえば、顧客に対しては安価で良質な商品（サービス）を提供し、取引先とは取引条件を守ったうえで共存共栄を図ります。従業員には働く機会を提供し、利益の中から税金を納めることで社会に貢献します。社会において会社が果たす機能は、非常に大きいものといえるでしょう。もちろん、こうした機能を担えない会社は……倒産ということになります。

> **法 人**
> 　法人とは、法によって認められた人格という意味です。本来、ものを所有したり、権利や義務を行使する主体は人間だけであるはずですが、会社や学校、各種団体などにも便宜的に人格を与え、権利や義務の主体となれるようにしているのです。国や地方公共団体も法人ですし、それ以外にも一定の財産をある目的のために管理する財団法人や、教育を目的とする学校法人などがあります。
> 　ところで、法人に対して私たち人間一人一人は「自然人」と呼ばれます。これは、「人間というものは生まれた瞬間から何ら手続きなしに自然に人間として存在する」という考えからくるものですが、何だかジャングルの奥地で生活しているようなイメージですね。

2 会社におけるルールと仕事

(1) 会社のルール

　会社では、当然ながら社員が仕事をするわけですが、勝手気ままにやられては統制がとれません。仕事をするうえでの行動の指針になるものが必要です。一般に、会社におけるルールは明確なものから漠然としたものまで、以下の3種類があると考えられます。

①制度（社内規定）
　会社という組織の中で、どのような行動をとるべきか定め、明文化したものです。代表的なものが「就業規則」で、従業員が守るべき規則、細かい労働条件のほか、逆に経営者側からの約束ともいえる給与や労働時間などについても定められています。誰（どの役職）にどのような義

務と権限があるのかを示した「業務分掌規定」というものもあります。
②管理原則

　誰が決めたというわけではなく、過去の経験からあみ出された知恵の集積のようなものです。たとえば、以下のような考え方が広く浸透しています。

　　・仕事はできるだけ分担する。(分業の原則)
　　・組織の目標と個人の活動の調和をめざす。(目標一致の原則)
　　・仕事の分担に伴う権限と責任を明確化する。(権限・責任明確化の原則)
　　・簡単な仕事はできるだけ部下にまかせる。(委譲の原則)
　　・1人の部下は1人の上司からのみ命令を受ける。(命令一元化の原則)

③集団規範

　ある集団の中での行動の基準のことを集団規範といいます。会社全体、あるいは特定の職場での、たとえば「新入社員は朝、早めに来て課全体の机をふく」といった決め事、掟のようなものです。集団規範に同調することは個人がその集団のメンバーとして認められる要件であり、従わないと、同調させようとする圧力（集団圧力）を受ける場合もあります。

(2)　分業と階層

　仕事が効率的に進められるためには、管理原則の項で見た「分業の原則」はとりわけ重要です。これについてもう少し見てみましょう。

　分業にはタテとヨコがあります。たとえば、工場で製品を作っている人は、それを顧客のところに売りに行く時間はありません。第一線で活躍している営業マンに社内のコンピュータシステムの管理をさせるのも非効率的です。そこで似たような仕事を集めて、もっぱらお金に関する業務を行う人、生産管理をする人、商品を売る人、というように役割を

図4-2　会社の階層構造

ふります。これがヨコの分業です。

　一方、社長・部長・課長・一般社員など、役職の違いによって意思決定の種類や権限と責任を分担するのがタテの分業で、これは「階層化」とも呼ばれます。会社における一般的な階層構造は図4-2のとおりです。

　一般に経営者層とは社長をはじめとする取締役、管理者層は部長・課長などの役職の人、監督者層は係長や主任などを指します。意思決定の種類については、たとえば大手のスーパー（小売業）を例に考えてみましょう。新しい店舗を出店するかどうかといった基本方針はトップの判断で決めることです。他店との差別化を図るために一部の商品を20％値引きするとか、品揃えを一部変えてみるなど、戦術的判断をするのはミドルの仕事です。監督者層は、たとえば顧客から商品の質についてクレームがきたときの対処など、日常業務の中での意思決定を担当します。会社は、一人一人の人間がタテヨコに仕事を分担し、個々の仕事が効率的に機能するよう組み立てられているのです。

> **階層のフラット化**
>
> 　社長・副社長・専務・常務・本部長・部長・次長・課長・課長代理・係長・主任……。日本の大企業には、従来たくさんの細かい役職がありました。階層が多すぎると、そのぶん意思決定のスピードが落ちますし、中間に入る人が多いことによるコスト高も問題になります。そこで最近は、意思決定の階層をできるだけ減らす「階層（組織）のフラット化」が進んでいます。
>
> 　ただ、やたらと階層を減らせばいいというものでもありません。「もうすぐ課長になれるかな……」と考えて一生懸命働く人もいるわけで、階層を減らすことは、従業員のモチベーション（動機付け）に影響を与えかねません。また、1人の上司があまり多くの部下を抱え込むのも問題です。1人で管理できる範囲を「スパン・オブ・コントロール」といい、部下の数でいうと一般に5〜6人が適正と考えられています。

3　会社の組織

(1)　経営の四大資源

　会社に代表される企業体は、ヒト・モノ・カネ・情報の四つの要素をうまく活用して、価値を創造します。そこでこれらの要素を「経営の四大資源」と呼んでいます。人体にたとえるなら、ヒトは骨、モノが肉体、カネが血液、情報が神経というところでしょうか。そのうちのどれが欠けても企業活動はうまく機能しません。ここでは会社の骨格ともいうべき要素、ヒトの集まった「組織」というものについて考えてみます。

(2) 組織とは何か

　組織は、「集団」（第３章で詳述）が、一定の分業や目的共有のもとで固定化した存在と考えることができます。したがって集団の方が広い概念です。会社は組織でもあり、集団でもありますが、いつも一緒に遊ぶ仲良しグループなどは、集団であるが組織ではない存在（非組織的集団）ということになります。

　アメリカの経営学者で実業家でもあったＣ．バーナードは、組織が成立するための要件として以下の三つを挙げました。

①メンバーに「ともにがんばろう」という気持ちがあること。（協働意欲）
②何らかの組織目標をメンバーが分かちあっていること。（目的共有）
③メンバー間で意思の伝達が行われること。（コミュニケーション）

　また、こうして成立した組織が存続していくためには、目標が達成されること、メンバーの欲求が充足されることが重要であると考えられています。

(3) なぜ組織が必要なのか

　人はなぜ組織を作るのでしょうか。それは人間の不完全性を克服するための行為と考えられます。組織で取り組むことにより、個人では到底できないことが可能になるからです。ところで、人間の不完全さの最たることは、「人は皆やがて死んでしまう」ということでしょう。松下幸之助がいかに商売の天才でも、最後には死んでしまう。それでもパナソニックグループは残ります。これは会社だけではなく学校なども同じことで、福沢諭吉の理想が慶應義塾大学、杉浦六右衛門の信念が東京工芸大学として、現在まで息づいています。こうした企業組織の継続性を示す

言葉が「ゴーイング・コンサーン（継続企業体）」です。

(4) 会社の組織

会社の組織の代表的な形態は、以下の二つです。

職能別組織	……	仕事の内容別に部門をつくり、組織とする。
事業部制組織	……	商品別や地域別に自己完結型の組織をつくる。

職能別組織は仕事内容に着目し、類似の仕事をまとめて一つの部門で担当します。たとえば、予算を立てること（事業計画）と税金を支払うこと（税務）は別の仕事ともいえますが、お金に関連するという共通点もあります。そこでこれらを「経理」という言葉でまとめて一部門で担当することが多いのです。

職能別のよい点は、仕事内容で分担するのでダブリがなく、合理的だということです。また、同じ仕事をいつも行うことで、従業員が仕事に慣れ、熟練化・専門化が進みます。一方、専門化した集団はものの考え方が偏りやすいという欠点もあります。たとえば、同じ社内でも営業部門はとにかく「顧客のニーズをすべて取り入れた商品」をと願いますが、製造部門は「技術的に無理なく、確実に品質を維持できる商品」を作りたいと考えます。こうしたセクショナリズムの克服が、職能別組織の成功のカギといえそうです。

ところで、職能別に分かれた組織は、開発部や営業部などのように直接的な利益創出に関わる部門と、総務部や人事部などのように間接的に企業活動に貢献する部門に大きく分けられます。このような組織をライン＆スタッフ組織といいます（図4-3）。

事業部制組織は大規模な会社に多く見られる形態で、商品や地域ごとに独立性の高い事業部を作ります。たとえば、オーディオ事業部、メガ

図4-3 ライン&スタッフ組織の例

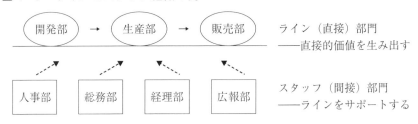

ネ事業部、東北事業部などです。事業部は原則的に独立採算性で、こうした組織づくりにより商品や地域別の採算を明らかにすることができるのです。事業部間での競争が促進されコスト意識が高まる点や事業部長が企業トップとしての経験を積めることもメリットといえるでしょう。これをさらに進めると、カンパニー制や分社化といった形態になります。一方、各事業部はそれぞれ総務、経理などのスタッフを抱えるために管理上の重複が出るデメリットも指摘されています。

　組織が十分機能することは会社存続の必要条件ですが、すべての面で最高の組織というものは作れるのでしょうか。答えはおそらくノー。組織は外界に開いた存在であり、常に環境に適応するために変革し続けなければならない、したがって唯一最善の組織・システムは存在しない、そう考えたのが経営学者P.ローレンスらでした。組織の環境への適応を考える一連の理論を「コンティンジェンシー理論」と呼びます。「組織は、できた瞬間から古くなる」、こうもいえるかもしれません。

マトリックス組織

　マトリックスとはタテヨコの行列を意味します。マトリックス組織とは、それぞれの部門からメンバーを引き出してプロジェクトチームを作ることなどにより、旧来の組織を交差させ、新しい関係を生み出すよう

に編成された組織をいいます。他部門の人と一緒に協働する中で、社員に新しい視点が芽生えるなどの利点が指摘されており、それを採用する企業も徐々に増えてきました。

　ただ、問題点もあります。この場合、社員は本来の部門と、プロジェクトチームの両方に所属することにより、2人の上司に仕えることになります。2人の上司から同時に急ぎの仕事を指示されたらどうしたらいいのでしょう。命令が一元化されない点は、マトリックス組織の弱点の一つです。「上司なんて1人でもイヤなのに……」というぼやきが聞こえてきそうですね。

4 仕事と人間関係

(1) 標準化と管理

　個人個人の作業効率を向上させ、結果として生産性の高い組織を作り上げることは会社経営者にとっての最大の関心事であり、それは昔も今も変わりません。この大テーマに最初に本格的に取り組んだのは、アメリカの技師F.テイラーでした。彼は、工場内の作業を分け、それぞれに無駄がないかチェックしたうえで、まとまった作業（動作）にかかる標準時間を決めました。こうした作業の標準化をもとに、その標準を上回る成績を残した人には報奨（高賃金）を、下回った人には罰則（低賃金）を与えるという手法を採用したのです。これにより、それまでは経営者の勘や経験に頼り、ともすればどんぶり勘定的になりがちだった工場経営に初めて科学の目が導入されました。テイラーの手法は科学的管理法、またはテイラー・システムと呼ばれ、その後の経営のあり方に大きな影響を与えることになります。

(2) **人間関係の重視**

　作業の無駄を省き、標準化し、労働者をいわばアメとムチで管理するやり方は、たしかにそれなりの成果を挙げることができます。でも、現在の私たちの感覚からすると少し単純化し過ぎている気もします。この疑問に答えたのが、アメリカの心理学者E.メイヨーのグループによる一連の研究でした。1927年から数年間かけて行われたアメリカのウエスタン・エレクトリック社のホーソン工場における実験では、興味深いデータが多く得られました。そのうちの一つに以下のものがあります。選ばれた女子工員の労働条件を段階的に上げていき、報奨によって作業効率が上がるかを実験したところ、予想どおり効率は上がりました。この点ではテイラー的な考え方が例証されたことになります。ところが、労働条件をもとに戻しても効率は下がらなかったのです。この現象を見たメイヨーは、報奨のあるなしよりも「自分たちが選ばれて学問的な実験に参加している」という心理が作業効率に関係していると考えました。これら一連の成果は、人間関係論と呼ばれる学問の基礎となります。

　ホーソン実験では、工場内に正式の組織や担当分けとは関係なく人間的な結びつきによって形成された非公式な集団の存在が発見され、これらはインフォーマル・グループと名づけられました。そして自然発生的にできるこの非公式集団が組織内の仕事の進め方に大きく影響することも確認されたのです。インフォーマル・グループは、会社のみならず政党や各種団体、学校など、あらゆる集団に見られる現象といってもいいでしょう。場合によっては、お父さん派とお母さん派にグループ化されている家庭もあるのかもしれませんね。

人間関係論の応用

　人間関係に関するさまざまな研究の成果は、会社によって具体的な施策として応用されています。職場に対する不満や悩みごとなどへの対処として「カウンセリング」や「苦情処理」の制度を持っている会社は少なくありません。コミュニケーションをよくするためには、「社内報の発行」や「職場懇談会の実施」などがよく利用されます。また、社員の仕事へのモチベーション（動機付け）を高めるために提案制度を設け、それを実際に事業化するような例もあります。こうした人間関係をサポートする諸制度は、もちろん社員の機嫌を伺うためにやっているのではありません。人間関係の向上が組織の効率を上げることが理論的にも実務的にも強く実感されている結果と見ることができるでしょう。

（大島　武）

第5章　産業社会の抱える諸問題

《第5章のポイント》
1. 「産業社会」とは工業を中心とした近代社会のことで、資本主義社会とほぼ同じ意味です。
2. 「産業社会」は官僚制などに代表されるいちじるしい機能分化によって特徴づけることができます。
3. 「産業社会」は豊かさを実現する一方、環境問題や犯罪増加の問題に直面しています。

　現代社会は、非常に高度な産業化によって特徴づけられる「産業社会」であるといえるでしょう。この章では、まず産業社会の位置づけから始め、その本質をさぐります。また、光があたるところには、必ず影ができるものです。そこで、産業社会がもたらしたさまざまな現象や変化を概観した後、人類が直面している諸問題について考察することにします。

1　産業社会とは

　A.トフラーの文明図式によれば、「産業革命」(急速な科学技術の発展のもと、農耕・牧畜を中心とする社会から工業中心の社会へと社会構造が根本的に変化すること)は「第二の波」としてとらえられています。彼によれば、人類社会における最初の劇的な変化は農業革命(原始的な狩猟採集社会から農耕牧畜社会への移行)であり、それを「第一の波」と位置づけて

図5-1　A.トフラーの文明図式

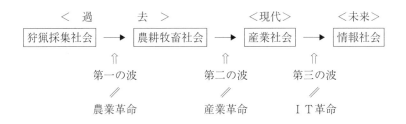

（出典）森下伸也『社会学がわかる事典』日本実業出版社、2000年、から作成。

います。産業革命はそれと同じくらい大きな変化を社会にもたらしたと考えられています。社会学の先駆者の一人、フランスのサン=シモンはまさに「産業化」の時代に生き、その発展を願っていましたが、もはやその願いは少なくとも今日の先進諸国においては十分にかなえられたと見てよいでしょう。「産業社会」とは工業を中心とした近代社会のことをいいます。

　さらにトフラーは、ＩＴ（情報技術）革命を「第三の波」であるとし、「産業社会」はいずれ新たな「情報社会」に移行するものと想定しています（図5-1）。ＩＴ化の大波はすでに押し寄せてはいますが、「現代」は産業社会の最終局面にさしかかった段階とみなしておきましょう。

2　産業社会の本質

(1) 資本主義

　産業社会は資本主義社会とほぼ同じ意味で用いられています。そこでまず「資本主義」について確認しておくことにしましょう。生産手段（土地や資本など）の私的な所有が認められるシステムを「資本主義」と

いいます。したがって、資本主義社会では市場における自由な競争を通じて効率的な資源配分が行われる一方、所得分配においては貧富の差が生じやすくなります。そこで、K.マルクスを中心とした人々は生産手段の私有を制限し、平等と調和をめざすシステムとして「社会主義」を構想しました。一時両者は世界を二分する勢力として拮抗していましたが、20世紀の終わり頃「社会主義」陣営の国家はその失敗を露呈し、次々に崩壊していきました。なぜ「資本主義」は生き残ったのでしょうか。それは、①「資本主義」は基本的には市場経済体制を堅持しながらも政府の役割を重視した「混合経済」体制へと移行し、その欠陥をある程度補強することに成功したこと、②「社会主義」は理想を追求したため、あまりにも不自然で集権的であったのに対し、「資本主義」は人間の利己心をその動機の中心にすえたために自然であるとともに分権的であったこと、などによるものと考えられます。

(2) **機能分化**

産業社会は生産性を高めるため、分業を奨励しました。その結果、必然的にもたらされたのが「機能分化」です。すなわち、社会的分業システムを採用し、推進することで、高い生産力を実現することをめざしたのです。機能分化の進展は産業化以前に比較して、多くの「機能集団」（企業など人為的につくられた集団）を誕生させました。それらは効率よく機能するように、その機能をいっそう特定化する方向で発達していきました。他方、従来多くの機能を果たしていた「基礎集団」（家族など自然発生的な集団）はその機能の縮小を余儀なくされました。たとえば、家族や地域社会の機能の中には失われたものも少なくありません。また、「機能集団」自体の内部も「機能分化」を志向し、「組織化」も促進されました。

①事務・管理部門の組織化：官僚制化
②生産現場における組織化：ベルトコンベア・システムの導入
③職種における機能分化：　スペシャリスト化

　M. ウェーバーは現代社会を「全面的官僚制化の時代」と呼んでいます。「官僚制」というと効率の悪いお役所仕事の元凶のように思われがちですが、「官僚制」とは本来、複雑で大規模な組織を効率的に運営するための組織運営の原理のことです。現代社会においては、組織の大規模化は公共機関にとどまらず、民間企業、学校、病院などあらゆるところで見受けられます。その結果、さまざまな分野の組織において、「組織化」の進行する中で「官僚制化」が不可避となったわけです。

　また、H. フォードによって初めて自動車の生産現場に流れ作業のシステムが導入されました。その後、さまざまな工場にこのベルトコンベア・システムが導入され、生産現場における効率性の追求に大きく寄与しました。

　さらに組織の内部が分業体制の徹底を進める中、業務は極端に細分化され、それぞれの部門で必要とされる専門的な知識や技能を有する人材が求められるようになりました。これが特定分野の専門家であるスペシャリストです。

　なお、近代において身分制が廃止されて民主化が進んだことも、この「機能分化」の観点から説明が可能です。家柄や身分などに応じて任命・昇進が行われていた旧来の属性本位の制度では、個人の能力を最大限に発揮させることが不可能であり、その組織ばかりでなく社会全体の機能を高めるための障害になるからにほかなりません。

3 産業社会の特徴

産業化の進展は、次のような現象をもたらしました。

(1) 所有と経営の分離
　農耕牧畜社会においては、人口の大半は農業に従事しており、生産手段としての土地を所有し、自給自足的な生活を送っていました。また商工業者のほとんどは小規模な自営業者であり、いずれも所有と経営はほぼ一体の状態にありました。しかし、産業社会が成立した結果、多くの農民は農村を離れ、企業に就職することで雇用される立場となったのです。また、企業がその規模を拡大していく中で、会社制度が発達し、より多くの資本が集められるようになりました。そうした状況にあって、資本を提供し会社を所有する資本家と、実際に会社を運営する経営者とが分かれることになったのです。

(2) 過密と過疎
　産業社会の成立に伴い農民たちの多くは離農しましたが、その際発展途上にあった企業がこうした人々を進んで受け入れました。したがって、有力な企業あるいは成長性の高い企業のある地域に人口が移動・集積を始めます。すると、その地域における消費需要の高まりや労働力人口の増加などが新たなビジネスチャンスを生み出し、さらなる企業の進出をもたらす要因となりました。こうした繰り返しを通じて、次第に都市化が進行していったのです。便利で刺激にあふれ就業機会に恵まれている都市部には、若年層を中心にさらにいっそうの人口が流入しました。その反面、地方の農村部からは人口が流出し続け、極端な都市部の過密・

地方農村部の過疎といった問題を引き起こすことになったのです。

(3) 階層化

　産業社会の発展の基礎は、科学技術の発達にあります。資本主義のもと、企業間はもちろん国家間での開発競争により、研究の促進に拍車がかかりました。その結果、科学技術は大いに発達し、生活水準は画期的に上昇しました。また、教育が義務化されるとともに学歴社会が生まれました。

　これは「機能分化」により身分制から解放された人々を新たな「階層化」に導くことになりました。「階層」とは学歴、職業、収入、財産といった「社会的資源」の不平等によって生じる序列を何らかの基準で区分した場合、同じ区分に入るグループのことをいいます。社会的地位の不平等が明らかに存在し、人々が社会的地位によって序列づけされる構造になっている場合、「社会成層」とも呼ばれます。

　社会成層の中で上位を占める人々は社会の中で重要性の高い仕事をしている人々であり、高い報酬や威信が得られるのは当然である、と考えたのがK．デービスやW．ムーアです。彼らはこうした不平等の存在こそ上昇志向を動機づけ、むしろ社会を活性化させるものとみなしました。たしかに能力の高さや努力の大きさによって「社会移動」（社会的地位が変化すること）が生じ、階層を上昇していくチャンスが与えられることは社会全体の機能を高めることになるでしょう。

　ただし、現実にはどうでしょうか。実際には財産の世襲制により、スタート時点での差があまりにも大きすぎて社会移動は困難な場合が多いように見受けられます。土地や預貯金などの目に見える資産ばかりではありません。豊かな上位階層に属する親たちは、おおむね子どもの教育に積極的に投資する傾向にあります。貧しい下位階層の子どもたちは、

ここでも大きなハンディキャップを負うことになります。

　また、学校教育そのものを「象徴的暴力」と呼び、階層間の不平等を指摘したのはP．ブルデューです。学校で教えられる内容は基本的に上位階層で形成されたものを中心としているため、上位階層の子どもたちの方がなじみやすいというものです。たとえば、学校教育以前の本人の読書量、学校教育を補完・強化することのできる親たちの経済的および時間的余裕、家庭において日常親しんでいる文化や芸術の水準など、いずれも上位階層の子どもたちの方が下位階層の子どもたちより圧倒的に有利であり、下位階層の子どもたちはなじみのない文化をいわば強制的に押しつけられていることになります。その結果、学校教育がむしろ社会移動の障害になり、階層の序列は世代を超えて再生産されることになるというわけです。

地位の非一貫性

　かつての身分制社会においては、ある指標で高い階層にある人が他の多くの指標でも高い階層に属していました。しかし、産業化の進展により、学歴は低いものの、資産を多く保有するなど、指標ごとに属する階層が異なるようになってきました。これを「地位の非一貫性」といい、全体としての社会階層を平準化する働きを持っています。

4　産業社会の直面する諸問題

　産業社会は便利で豊かな社会を実現することに成功しましたが、一方ではさまざまな問題に直面しているのも事実です。

第5章　産業社会の抱える諸問題

図5-2　産業社会における環境問題の発生

(1) 地球環境問題の深刻化

　産業社会においては効率化が求められるため、コストダウン（費用の削減）の観点から大量生産＝大量消費のシステムが確立しました。しかしながら、これは必然的に大量廃棄に結びつきます（図5-2）。

①資源の枯渇
　大量生産を可能にするためにエネルギーや原材料を大量に投入することから懸念されている。
②ごみの大量発生
　大量消費の結果として深刻化している。
③環境破壊
　大量廃棄による副産物として悪化している。

　環境破壊には、大気汚染、水質汚濁、騒音・悪臭といった従来の企業活動に伴う公害に加え、地球規模で検討すべき新たな問題がいろいろと生じています。

①地球の温暖化
　二酸化炭素（CO_2）など温室効果ガスの増加により、気温が上昇する現象。異常気象による農作物への影響、海面上昇による土地の侵食などをもたらす。

②オゾン層の破壊

　フロンガスによってオゾン（O_3）層が破壊される現象。紫外線量の増加による健康被害、光化学スモッグの悪化などをもたらす。

③酸性雨

　工場や自動車から排出される硫黄酸化物や窒素酸化物を含んだ雨が降る現象。森林の枯死、湖沼の酸性化による魚類の死滅、地下水の酸性化などをもたらす。

④森林の減少

　開発や伐採により熱帯林が破壊される現象。酸素供給源の減少などをもたらす。

⑤生物多様性の減少

　生息地の開発や商業目的のための乱獲により、野生生物が減少する現象。絶滅による生態系の破壊・混乱などをもたらす。

(2) 　経済格差の拡大

　主に南半球に位置しているアジア、アフリカ、ラテンアメリカに多い開発途上国と主として北半球に位置する先進国との経済格差は非常に大きく、さらに拡大する傾向にあります。大まかな位置関係から、「南北問題」と呼ばれています。

　開発途上国は多かれ少なかれ、以下のような諸問題に悩まされています。

①人口の爆発的な増加による飢餓
②過剰債務による国家財政の破綻
③民族間の対立による治安の悪化や内戦

図5-3　開発途上国における貧困のメカニズム

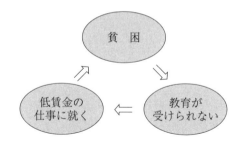

表5-1　非識字率上位5カ国

	国	非識字率	調査年次
1位	ニジェール	84.5%	2012年
2位	ギニア	74.7%	2010年
3位	ベナン	71.4%	2006年
4位	ブルキナファソ	71.4%	2007年
5位	マリ	66.4%	2011年

（注）　各国の推計値であり、「識字」の定義も国によって異なっている。
（出典）総務省統計局『世界の統計2015』から作成。

　こうした国々が貧困から脱出できないのは、教育が普及していない、あるいは教育を受けさせる余裕がないことから悪循環に陥っているためと考えることができます（図5-3）。教育の普及度を示す指標として「非識字率」があります。表5-1は15歳以上の人口に対する日常生活の簡単な内容についての読み書きができない人口の割合をワースト5まで挙げたものです。国民の半数以上が母国語を満足に読み書きできない状態というのは、にわかには信じがたいかもしれませんが、これが現実です。当然、それ以上の能力開発にはおのずと限界があるため、貧困層の解消にはまだ時間がかかりそうです。

　また、先進国と開発途上国は前述の環境問題においても対立を深めて

います。先進国としてはすでにある程度の経済発展を遂げており、豊かさを実現した余裕がありますし、かつて経験した公害などの苦い思いもあって環境保全を主張するのに対し、途上国は今後の発展を期して開発を優先させようとするためです。

(3) 犯罪の増加

　産業社会においては、企業はマス・メディアを通じて常に需要を駆り立てます。そのため、商品やサーヴィスに対する欲望は無限にふくらむ一方、所得の分配は結果的に不平等になるため、慢性的な欲求不満に陥る人々が出てきます。もちろん多くの人々は欲望を抑制することであくまでも社会の「規範」に従おうとしますが、中にはそうした規範を逸脱し、非合法的な手段によって、みずからの欲求を充足しようとする人間もいないわけではありません。これが「アノミー的犯罪」(社会規範を見失った混乱によって生じる犯罪)の発生メカニズムです。産業社会が進展すればするほど、こうした負の側面も無視できなくなりつつあります。

> **モラルパニック**
> 　マス・メディアによる凶悪犯罪の報道が世論の過剰反応を引き起こし、人々が冷静な判断を失うようになります。これをモラルパニックと呼びます。たとえば、世論の圧力を背景とした刑罰の厳格化は、かえって社会復帰の機会を喪失させてしまい、犯罪(再犯)の増加を招くとされています。

(4) ストレス社会

　高度な産業化によって実現された便利で豊かな社会においては、日常

的にさまざまな欲求を即座に満足させることができるようになりました。話したいときに話したい相手と携帯電話でおしゃべりを楽しむことが可能ですし、真夜中におなかがすいても24時間営業の飲食店やコンビニエンスストアなどを簡単に利用することができます。こうした環境にあっては、快楽主義的な風潮が蔓延する傾向があります。

　ところが、産業社会は高度な科学技術に支えられており、それを維持・発展させようとすれば長期間にわたる教育や訓練を受けるなど、禁欲主義的な生活態度が要求されます。その結果、人々は快楽主義の風潮の中で禁欲主義に耐えなければならない、という矛盾の中でストレスにさいなまれながら生活を強いられることになります。

(5)　過度の競争

　科学技術はそもそも人間が生み出したものであるにもかかわらず、核や遺伝子をはじめとして、もはや人間には制御不能な段階に達しているように思われます。先端技術の分野では日夜激しい開発競争が行われていますが、一方では倫理的・法的規制を求める声が高まっています。

（髙木　聖）

第6章　高齢社会を迎えて

《第6章のポイント》
1. わが国の65歳以上の人口は増加を続け、すでに「高齢化社会」から完全な「高齢社会」に移行しています。
2. わが国に固有の問題として、極端に早いスピードで高齢化が進行したことが挙げられます。
3. 高齢化は社会・経済にさまざまな影響をもたらしますが、新しい社会の到来をむしろ積極的に受け入れたいものです。

　わが国の平均寿命は男女とも世界最高の水準にあります。それ自体はたいへん結構なことですが、「高齢化」の進行は社会にさまざまな影響を与え、変化をもたらしつつあります。これまで経験してこなかったこともあって、世の中は漠然とした不安に覆われているようです。また認識不足や誤解に基づく一面的なとらえ方もあるようです。
　そこでこの章では、高齢化の意味を確認してから、なぜそのようなことになったのか、またどうして今後もその傾向が続くのかを考えます。さらに高齢化による問題点を検討し、社会の変化を正しく認識できるように整理します。

1　高齢化とは

　人口の中に占める「高齢者」の割合が相対的に高くなる現象のことを

「高齢化」といいます。この現象は「長寿化（平均寿命が延びること）」と同時に進む傾向があり、先進国に共通して観察される現象です。高齢者とは現在の統計上、65歳以上とされるのが一般的です。

よく用いられている「高齢化社会（aging society）」とは、人口に占める65歳以上の割合（高齢化率）が7％以上の社会とする定義が定着しています。これは1956年（昭和31年）に国際連合で定められたもので、本来「高齢化が進行している社会」という意味を持っています。その後、「高齢化が安定した社会」という意味で、人口に占める高齢者の割合が14％以上の社会は「高齢社会（aged society）」と表現されるようになりました。

日本の場合には、1970年（昭和45年）には高齢化社会に、1994年（平成6年）には高齢社会に仲間入りしました。2015年（平成27年）9月15日現在の高齢化率は26.7％に達しており、2050年には35％に及ぶものと推計されています。高齢者人口それ自体は2020年以降はほぼ横ばいになるものの、「少子化」（出生率の低下により子どもの数が少なくなること）の影響で総人口が減少するため、高齢化はその後も続くものと見られているからです。

2 高齢化の要因

人口の高齢化をもたらす要因は通常、三つあります。

①死亡率の改善
　寿命の伸長により、高齢者人口が増加する。
②出生率の低下
　出生数の減少に伴い低年齢人口が次第に減少するため、相対的に高齢化率が上昇する。

③人口移動

　人口移動は主に青年・壮年層を中心に生じるため、転出超過の地域においては高齢化が促進される。

　わが国の高齢化を考える場合には、国際的な人口移動の影響は小さいため、死亡と出生の問題を取り上げることにしましょう。なお、その影響を分解したところによれば、出生率低下の影響と死亡率改善の影響はおよそ7：3であるとされています。

　なお、出生率の低下は「少子化」問題として単独で扱われたり、「少子高齢化」問題として高齢化と複合的に扱われたりすることもあります。

少子化社会

　「少子化」とは、1992年（平成4年）度の『国民生活白書』で初めて用いられた言葉とされています。2005年（平成17年）に実施された「国勢調査」（総務省が5年に一度実施する人口調査）の結果によると、わが国の総人口が戦後初めて減少に転じたことが明らかになるなど、高齢化よりもむしろ少子化が社会に与える影響が懸念されています。

---

(1) **死亡率の改善**

　死亡率の改善は多くの人々が長生きできる社会環境が整備されていることを示しており、社会の方向性としてきわめて好ましい方向に向かっていると判断できるでしょう。その主な要因は以下のとおりです。

①医療技術の進歩
②医療保険制度の確立

③栄養状態の向上
④公衆衛生の普及
⑤健康志向の高まり
⑥平和の持続

(2) **出生率の低下**

　出生率を表す指標には、「合計特殊出生率」が用いられています。これは、15歳から49歳までの女子の年齢別出生率を合計したもので、一人の女性が生涯に産む子どもの平均数を表したものです。1947年（昭和22年）から1949年（昭和24年）の3カ年はいわゆるベビーブームといわれる時期で、合計特殊出生率も5を超えていました。それが1957年（昭和32年）以降はほぼ2に落ち着き、しばらく安定していましたが、1975年（昭和50年）に2.0を下回ってからは長期低落傾向が続き、ついに2006年（平成18年）には1.26を記録するに至りました。

　この原因は晩婚化・非婚化にあります。晩婚化は晩産化に直結するため、生涯に産む子どもの数は当然少なくなります。また非婚化が進めばシングル・マザーを希望する女性が増えたり、それを支援する社会的措置が講じられたりしない限り、少子化は免れません。さらに、晩婚化・非婚化の背後には次のような要因があるものと考えられています。

①女性の社会進出
　正社員とパートタイマーとの賃金格差が大きく、いったん退職すると同じような勤務条件での再就職が難しいため、出産・育児のための離職に踏み切りにくい。正社員として就業を継続した場合と、出産退職後にパートやアルバイトで就業を再開したケースでは、生涯収入で2億円以上の差が出るという試算もある。

②社会通念の変化

「結婚＝幸福」、「出産＝喜び」という観念が薄れ、「必ずしも結婚しなくてもよい」、「産むかどうかは自分（たち）が決める」という考え方が台頭している。

③機会費用の存在

単身生活や夫婦だけの生活の快適さの追求、子育てに関する費用や精神的な負担の増大などが先行し、子育てを楽しくやりがいのあることと考えにくくなっている。これは「機会費用」の概念を用いて説明することが可能である。機会費用とは、ある選択肢を採用した際、他の選択肢を採用しなかったことによって失われる潜在的な利益のうち最大のものをいう。すなわち、子育てによって感じられる喜びや充実感と子育てをしなかった場合に入手できたはずの価値とを比較し、あえて出産を選択しない態度である。

④ライフスタイルの多様化

適齢期になったら当然独立した家庭を営むもの、といった見解が一般性を失い、パラサイト・シングル（成人しても未婚のまま親元から離れない子ども）が増えている。結婚して現在の生活水準を落としたくないというのがその主な理由である。また、生涯未婚率も上昇している。

先進各国の出生率の低下にはほぼ歯止めがかかっているのに対して、わが国でそうならない要因としては、次の三点が挙げられます。

①労働環境

長時間労働を強いられる職場が多く、男性の家事参加がきわめて困難であるため、子どもを持つ働く女性の負担を軽減しにくいのが現状である。

表6-1 主要国における65歳以上人口割合別到達年次とその倍化年数

国	到達年次 7%	到達年次 14%	倍化年数 7%→14%	到達年次 10%	到達年次 20%	倍化年数 10%→20%
日本	1970年	1994年	24年	1984年	2005年	21年
フランス	1864年	1978年	114年	1943年	2019年	76年
スウェーデン	1887年	1972年	85年	1948年	2016年	68年
イギリス	1929年	1975年	46年	1946年	2025年	79年
アメリカ	1942年	2014年	72年	1972年	2031年	59年

（出典）国立社会保障・人口問題研究所『人口統計資料集2015年版』から作成。

②社会通念

「結婚したカップルが子どもを育てる」という標準モデルに対する執着が依然として強いうえ、それ以外の形態を異端視する傾向が見受けられる。

③経済的負担

2005年（平成17年）に刊行された『国民生活白書』によると、年収400万円未満の世帯では子どものいないケースが圧倒的に高い。一定の経済力を下回ると、経済的負担から子どもを持ちにくくなるとされている。

3 高齢化の問題点

人口の高齢化はどの国や地域においても、ほぼ例外なく進行しています。しかしながら、その進行速度を諸外国と比較することで、わが国に固有の問題を浮き彫りにすることができます（表6-1）。

この表から明らかなとおり、わが国の高齢化は先進諸国の中でも極端に早いスピードで進行してきました。また今後もそのスピードをゆるめることなく、さらに高い水準まで到達するものと推計されています。なぜそのようなことが起きたのかといえば、人口転換（多産多死から多産少

死を経て少産少死に至る人口動態の転換）が急速に進行したためです。

　いずれにしても西欧社会は比較的長い時間をかけて徐々に高齢化した、あるいはこれから高齢化を経験するものと予測されています。したがって社会保障をはじめとする各種制度や社会資本を周到に準備することが可能でした。それに対し、わが国の場合には短期間のうちに一気に高齢社会まで到達してしまったためにその対策が間に合わなかった、というのが現状です。

4　高齢化のもたらす経済面への影響

　高齢化が進むことはさまざまな方面に影響を及ぼすものと考えられますが、ここでは主にマクロ経済的な（経済全体に関する）影響を取り上げます。

(1)　労働力人口の減少と雇用慣行の変化

　「生産の三要素」は「労働」、「土地」、「資本」とされています。出生率の長期的な低下により若年人口が次第に少なくなると労働力人口が減少し、生産活動を制約する可能性があります。

　また就業者の平均年齢の上昇は「年功序列賃金制度」（年齢や勤続年数に応じて昇進・昇給が決まる制度）のもとでは、企業の人件費負担を高め、その収益構造を圧迫することにつながります。

　労働力の減少を補完するためには、高齢者や既婚女性の就業を促進する必要があります。そのためには、従来の賃金体系（年功序列制度）ばかりでなく「終身雇用制度」（従業員はいったん就職したら定年まで勤務し、企業も景気動向に左右されず雇用を継続するという労使関係の大前提）を中心とした従来の雇用慣行を大幅に修正する必要があります。より柔軟な

雇用形態を提供することで、高学歴で知識や経験の豊富な高齢者や既婚女性が再就職しやすくなり、企業にとっても重要な戦力になるはずです。

(2) 経済成長の制約

「消費」活動は「所得」水準に依存するものとされています。現役を退いた高齢者は通常働いていた頃よりも所得が少なくなりますので、消費を抑制しようとするでしょう。

また、年金生活世代の高齢者は銀行などの貯蓄を取り崩して生活費に充当するため、「貯蓄率」（可処分所得に対する貯蓄の比率）が低下します。実際に、1970年代半ばに20％以上もあった日本の貯蓄率は2000年代に入ると5％程度に低下し、2013年にはマイナスを記録しました。その結果、企業の「投資」活動の源泉となる「貯蓄」が減少することになります。

家計の消費や企業の投資が減少すると、潜在的な経済の成長力が弱まります。

ライフサイクル仮説

人々の消費は現在の所得に依存するだけでなく、生涯所得に依存するという仮説。すなわち、現役のときには貯蓄に励み、退職後にそれを取り崩して生活費に充てるというものです。各種の統計調査によれば、高齢・無職世帯の増加により、貯蓄率は低下傾向をたどっています。

---

(3) 現役世代の負担増加

若年層（支える世代）が減り、高齢層（支えられる世代）が増えれば、当然のことながら、年金、医療、福祉など社会保障の分野で現役世代の負担が増加します。その結果、現役世代の「可処分所得」（家計の収入から支出が義務づけられている税金や社会保険料などを控除したもの）の減少

は避けられません。1989年（平成元年）に導入された消費税は当初3％でしたが、1997年（平成9年）に5％に、2014年（平成26年）には8％に引き上げられました。その後も「高齢化社会への対応」のため、折にふれて税率の引き上げが議論の対象になっています。

現役世代の負担を軽減する方法としては、①公的年金の支給開始年齢を引き上げる、②公的年金の給付金額を減額する、などの方策を盛り込んだ年金制度の改正が行われています。

5 高齢化のもたらす社会面への影響

次に、高齢化の進行がもたらす社会面への影響を考えてみましょう。

(1) 家族構成の変化

合計特殊出生率が2を切ってからすでに約30年が経過しています。つまり、一人っ子がそれだけ多くなったわけです。長寿化に伴って、高齢の夫婦や高齢の単身者が増加しています。同時に未婚率も上昇していますから、単身世帯がさらに増加する傾向にあります。こうした中、孤独感などを主因とする高齢独身者（特に男性）の自殺が増える懸念があります。

(2) 子どもの健全な成長に対する阻害

高齢化は少子化と表裏一体の概念です。子どもの数が減ることは、子ども自体にどのような影響を及ぼすでしょうか。まず考えられるのが、両親の過保護や過剰な干渉により、子どもの適正な自立心の成長が妨げられる恐れがあるということです。

また、過剰な期待をかけられることによる心理的な重圧も無視できま

せん。今後は両親も一人っ子という家族構成のパターンがますます増えていきますから、父方の両親および母方の両親と合わせて6人の大人の期待が1人の子どもにのしかかることになります。兄弟・姉妹がいれば分散されるこうしたプレッシャーは、相当大きなものとなるでしょう。

さらに、子ども同士の交流機会が減少するため、対人関係を学ぶ機会があまりなく精神の健全な成長に不安が残ります。やがてその子が大人になったときの社会性の欠如や育児不安の可能性が指摘されています。

(3) 地域社会の衰退

商店経営主の高齢化や後継者の不在により、商店街の空洞化が進みます。人口すなわち購買力の減少がいっそう拍車をかけるでしょう。大手スーパーやディスカウントストアは郊外に出店していることが多いため、この現象はとりわけ交通弱者である高齢者にとって買い物が不便になるなど深刻な影響をもたらします。他方、自家用車で買い物をする人口も減少するため、郊外型大規模商業集積もまた現在の規模を維持できなくなり、淘汰が進むことになるでしょう。

また、お祭りなど、地域の伝統行事の運営やその継承がスムースに行われなくなり、地域文化の衰退を招くことになりかねません。

6 高齢社会の展望

最後に高齢化による変化を悲観的にとらえ、その進行を阻止しようとする立場からは高齢化を食い止めるための対策を、また高齢化を楽観的にとらえ、新しい社会の到来を歓迎する立場からは高齢化の積極的な側面を指摘することにしましょう。

(1) 高齢化対策

　わが国において高齢化が進行する最大の要因は、すでに見たように出生率の低下です。したがって高齢化にストップをかけるためには、出生率を上げるための努力が必要になります。すなわち少子化対策です。ただし、結婚を望んでいない独身者に結婚を勧めたり、子どものいる家庭を志向していない夫婦に出産を奨励したりするというわけにはいかないでしょう。

　そこで重要になるのは、「子どもを産みたいと思っているにもかかわらず、産めない状況にある」女性およびカップルに対する支援活動です。具体的には以下のような方法が考えられます。

①育児休業制度の充実と意識改革
　現在よりも育児休業制度を複合的なものとし、柔軟に運用する。また、せっかく制度があるにもかかわらず、特に男性の場合には利用しづらい、あるいは事実上利用できない状況があるので、「意識の構造改革」を行い、なるべく休暇をとりやすい状況をつくるように労使とも努力することが大切になる。

②人事評価制度の改革
　出産や育児がキャリア形成のうえで障害に決してならないような評価システムや昇進制度を開発するように義務づける。

③在宅勤務の推進
　それが可能な職務については在宅勤務を奨励する。あるいは一時的にその部門に配置換えを行うように指導する。

④偏見の除去
　わが国では、国際的に見て同棲率が低く、婚姻外での出生数が少ない。結婚という形態にとらわれずに出産・育児を行う母親やその子どもに対

する偏見を取り除き、こうした人々を支援する制度を創設する。
⑤育児アドヴァイザー制度

　かつて出産や育児を経験した女性を中心に育児所や託児所、場合によっては企業や役所にボランティアとして登録してもらい、可能な範囲内での協力をあおぐ。

　いずれにしても、育児を個人や家庭だけで負担しようとするのではなく、社会全体でバックアップする体制を整えること、そして出産や育児の障害となっている社会的条件を解消することが肝要となります。

(2)　高齢化が開拓する世界

　ここでは、悲観論に基づいて展開されている高齢化のマイナス面について、若干の反論を用意しましょう。

①労働力人口の減少について

　前述したとおり、高齢者や既婚女性といった新しい人的資源を活用することによって、若年労働供給の減少は十分補うことが可能となる。ただし、その場合には旧来の雇用形態にとらわれない柔軟なシステムが開発されなければならない。

②経済成長の制約について

　高齢世帯の消費意欲は旺盛である。第一に不動産や預貯金、債券などストックを多く保有しているため、消費は所得の減少ほどには減らない（資産効果）。第二に、所得が減少してもなるべくもとの生活水準を維持しようとするため、消費水準の下落には歯止めがかかる（ラチェット効果）。第三に、住宅ローンや教育費の負担がすでに終了しており、相対的に自由になる部分が大きくなる。したがって経済成長に深刻な影響をもたら

すほど、消費支出は減少しないであろう。

　また、前述の「ライフサイクル仮説」によれば、各世帯は引退後の生活をふまえて消費・貯蓄バランスをとっている。したがって、長寿社会においては「長い老後」を念頭に置いて、あらかじめ「貯蓄性向」（所得のうち貯蓄にまわす割合）を強めるはずである。したがって、経済成長をいちじるしく阻害するほど貯蓄率は低下しないであろう。こうしたことから、成長力を弱める心配はないと考えることができる。

③現役世代の負担増加について

　わが国の場合、現在のところ国民負担率（（租税負担＋社会保障負担）÷国民所得）は諸外国に比べて決して高くはない。また「日本人はかつて親の面倒を見て、自分が老いたときには子どもの世話になることを期待していた。年金制度はこの期待を『社会化』しただけだ」とR.ドーアが指摘しているように、現役世代にのみ負担を強いているわけではない。

④地域社会の衰退について

　社会参加の意欲が高く、自由度の高い生活を享受する高齢者が増加している。そのパワーを生かすことでむしろ新たな価値が創造できる可能性が高い。

　高齢社会においては、高齢者のさまざまな活動や地域貢献、社会貢献が期待できます。また、そうした高齢者の活躍が「役割モデル」となり、あとに続く世代に目標や指針を与えることになることでしょう。

（髙木　聖）

第7章　メディアと社会

《第7章のポイント》
1. 私たちは、メディアに「依存」して生活していますが、ふだんはそのことを意識していません。
2. 私たちは、頭の中のイメージに基づいて行動していますが、それは歪曲などを含むため、現実から思いがけない反応が返ってくることがあります。
3. 情報の流れをコントロールする立場にいる人や組織を「ゲートキーパー」といいます。
4. 情報を見極める力を取得し、メディアと能動的に関わる「読み手」になることが必要です。

　私たちの生活には、たくさんの情報があふれています。あたかも空気のように、メディアからの情報が隅々にまで満ちている現代社会を、「メディア社会」と呼ぶ人もいます。「メディア」にはさまざまな定義がありますが、ここではとりあえず、「情報を媒介するもの一般」として、身近にあるテレビ、本、新聞、映画、パソコン、携帯電話などを思い浮かべるところから始めましょう。

1 メディアへの依存

　まず、次ページの図7-1を見てください。

図7-1

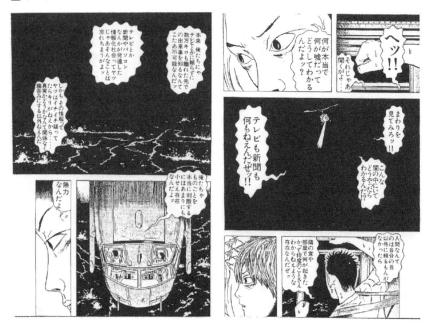

(出典) 望月峯太郎『ドラゴンヘッド』第7巻、講談社、1998年（©望月峯太郎）

　大きな「災害」があり、生き残った登場人物たちが、いったい何が起こったのか調べようとして、ヘリコプターで山の上を飛行している場面です。

　「本来　俺たちにゃテレビとかに頼らずに数万キロも離れた先での出来事を知るなんてこたあ不可能なんだッ　テレビとか新聞やパソコンなんかが発達した情報化社会ってヤツじゃあそんなことは忘れちまうがよッ　しかもその情報ってヤツはイチイチ疑ってたらキリがねえから……真実かどうかなんて関係なく鵜呑みにする以外ねえんだ　俺たちゃものごとを本当に判断するにはあまりにも小せえ存在なんだよッ　無力なん

だよ」

　このセリフは、私たちが置かれている状況を、とてもよく凝縮している、といえます。

　私たちは、自分で見たり、触れたり、直接経験したりできないことでも、多くのことを知っています。なぜでしょうか。それは、テレビや新聞などのメディアを通じて、たくさんの情報を得ているからです。このことをまず確認しておきましょう。言い換えれば、私たちは、メディアにいわば「依存」しながら生活しています。しかし、ふだんはそのことを意識していません。図の登場人物たちのように、突然取り上げられてしまうまで、メディアの存在の大きさを忘れているのです。

　ところで、私たちは、自分をとりまく環境について、さまざまなイメージを持っています。そして、こんなファッションが流行しているとか、女性はこういう男性が好みだとか、この大学にはこういう人が多いとか、いろいろなイメージを頭に描いて、それに基づいて行動しています。W.リップマンは、人が頭の中に描く環境についてのイメージを、「擬似環境」と名づけました。「擬似環境」は、しばしばメディアが提示する情報を素材として、手持ち（頭持ち？）の知識と組み合わされ、頭の中で構成されたモデルです。それゆえに、単純化されていたり、誤っていたり、歪んでいたりして、現実とかけ離れている可能性があります。しかし、実際の行動は、イメージの中の現実ではなく、現実環境の中で行われるのですから、思いもかけない反応が返ってきてしまうことがあるのです。私たちは現実を「知ったつもり」になっていますが、メディアからの情報に頼りすぎて、イメージと現実の間のズレが拡大していくとき、行動はあぶなっかしいものにならざるを得ないのです。

2 ゲートキーパー

　先ほどの図のように、「情報は真実かどうかなんて関係なく鵜呑みにする以外ない」とまではいかなくとも、情報の妥当性を直接検証することは困難です。私たちは、メディアからの情報に頼って行動せざるを得ません。一方で、その情報はメディアによって選択、編集されたものです。「現実」そのものではありません。逆にいうと、メディアが「構成」して提示したものを、私たちは「現実」として受け取っているのです。
　メディアによる「構成」について、ニュースを例として考えてみましょう。放送時間や紙面には限りがありますから、取材された項目のすべてを報道することはできません。そこで、視聴者や読者にニュースが届くまでには、そもそも何を取材するのか、取材された項目のうち何を選択し何を選択しない（ボツにする）のか、どの程度の扱いにするのか、などを決定する段階的な過程が介在します。新聞社のデスクなどがこの過程に関わり、ニュースを形成する「仲介者」となります。この仲介者のように、情報を取捨選択して、その流れをコントロールする立場にいる人や組織を、「ゲートキーパー」といいます。「関門」の意味の「ゲート」と、「ゴールキーパー」の「キーパー」で、「門番」の意味です。実は、ニュースに限らず、私たちが見たり読んだりする情報は、一般に複数のゲートキーパーによる取捨選択を経たものなのです。悪意や操作の意図がなくとも、その取捨選択には人の価値判断がはさまっている、ということを確認しておきましょう。
　この概念を導入すると、重要なことに気づくことができます。
　たとえば、あるゲートキーパーによってボツにされた項目について考えてみましょう。私たちは、その存在すら知ることができません。しか

し、本当はボツになった項目こそ、選ばれた項目以上に重要な可能性もあるのです。仮にゲートキーパーが、特定の立場からある種の情報を遮断したり、改変を加えたりした場合、人々は事実を知らされないので、誤った現実認識に基づく行動をとることになってしまいます。このように考えると、メディアによって語られていることだけでなく、「語られていないこと」に着目する視点が重要であることがわかります。

　また、どの項目をどのくらい大きく扱い、どのように報じるべきかについては、それぞれの新聞社、放送局、雑誌社などによって、基準が同じではありません。同じ出来事の報道でも、番組や紙面での扱いが異なるのはこのためです。一方、私たちはメディアが大々的に報じる出来事や争点を、注目すべきこと、重要なことだと認識しがちです（「議題設定機能」といいます）。メディアは、「どのように」考えるべきかを伝えなくても、「何について」考えるべきかを伝えている、ともいえます。

　さまざまなゲートキーパーが、どのような制約条件のもとで、どのような基準で選択や扱いの決定をしているのか、各メディアは他社や他のメディアに比べてどのような性質や傾向（偏り）を持っているのか、といったことに着目してみると、メディアの特性をより深く理解できるようになるでしょう。

　ところで、私たち一人一人も、実はゲートキーパーの性質を持っている、といえます。たとえば、きょうの出来事を、家族や友人に伝える場面を考えてみます。多くの出来事の中から、ある項目を選択し、相手に応じて自分なりの構成を行って伝えることになるでしょう。選択の多くは無意識になされますが、「よい点のテストだけを親に見せる子ども」のように、意識的になされることもあるでしょう。他の多くの項目をボツにして特定の項目を取り上げ、自分のスタイルで伝える、という過程は、社会的な影響力は異なるにせよ、メディアと同様なのです。逆にいうと、

コミュニケーションにはゲートキーピングが避けられない、ともいえます。ゲートキーパーが存在するからといって、メディアを批判してもしかたありません。むしろ、どのようなゲートキーピングが行われているのか、検討していく姿勢が必要なのです。

ここまで読んできて、すでにお気づきの方もおられるでしょう。とても身近なところに、強力なゲートキーパーが存在しています。そう、「教員」と「親」です。教員は、話す項目、教材、配布資料などを選択します。さらに、学ぶ側に応じて内容を嚙み砕き、時間枠に応じて、構成を行いながら授業をします。また、親は、子ども、特に幼児がふれるべき情報とふれるべきでない情報、たとえば読ませたい本や見せたくない番組を、ときに独占的に選別しています。これらのことはあまり意識されないかもしれませんが、特に子どもへの影響を考える際には、重要な視点です。

さらにいえば、この本の著者たちも、読者の皆さんにとってゲートキーパーにあてはまります。社会学に関わるたくさんの項目から、どのような価値観に基づき、どのような項目をボツにしたのか、選択した内容をなぜこのようなスタイルで伝えているのか、という問いかけから、著者自身も逃れることはできないのです。さて、この本に対する皆さんの検討結果はいかがでしょうか？

3 メディア社会を生きる

(1) メディア・リテラシー

私たちは、もはやメディアなしの生活は考えられません。そうであるなら、メディアはどのような考え方や価値観を伝えているのか、どのようなしくみや基準があり、どのような意図で番組や紙面が制作されてい

るのか、さまざまな属性を持つ視聴者や読者が、メディアをどのように読み取っているのか、などを問い直していくことは、手間がかかりますが、重要な作業です。

　このような問いを強く意識し、近年関心が高まっているのが、「メディア・リテラシー」です。その定義を、いくつか紹介しましょう。

　「メディア・リテラシーとは、市民がメディアを社会的文脈でクリティカルに分析し、評価し、メディアにアクセスし、多様な形態でコミュニケーションをつくりだす力をさす。また、そのような力の獲得をめざす取り組みもメディア・リテラシーという」（鈴木みどり『メディア・リテラシーを学ぶ人のために』世界思想社、1997年）。

　「メディア・リテラシーとは、ひと言でいえば、メディアが形作る『現実』を批判的（クリティカル）に読み取るとともに、メディアを使って表現していく能力のことである」（菅谷明子『メディア・リテラシー』岩波書店、2000年）。

　「メディア・リテラシーとは、私たちの身のまわりのメディアにおいて語られたり、表現されたりしている言説やイメージがいったいどのような文脈のもとで、いかなる意図によって編集されたものであるかを批判的に読み、そこから対話的なコミュニケーションを作り出していく能力です」（吉見俊哉『メディア文化論』有斐閣、2004年）。

　「メディア・リテラシーとは、情報社会においてメディアを介したコミュニケーションを自律的に展開する営みのこと。またそのような営みを支える術や素養のことをいう」（水越伸「メディア・リテラシー：研究の方法13」伊藤守編著『よくわかるメディア・スタディーズ』ミネルヴァ書房、2009年）。

　「メディア情報の受け手側の、受け止め方を考える体系として、メディア・リテラシーという言葉があります。耳慣れない単語で、小難しく感

じられる方も多いのですが、簡単な話です。リテラシーとは、読み書き能力のこと。要は、情報のキャッチボールで、エラーせずに捕球し、暴投せずに投球できる能力を身につけましょう、ということです」（下村健一『マスコミは何を伝えないか──メディア社会の賢い生き方』岩波書店、2010年）。

少々の違いはありますが、メディアを読み解く、表現する、コミュニケーションを創るなどを含み、複合的な能力を示すことは、おおむね共通しています。つまり、分析力や理解力や鑑賞能力だけを指すのではないのです。また、コンピュータやデジタルカメラなどの機器操作能力だけでもないのです。もっと多次元的で総合的な概念なのです。

ところで、定義にある「批判的（クリティカル）」という言葉ですが、これは注意深く論理的に考える姿勢を指しています。「受け手」の立場から、「送り手」「作り手」をネガティブな存在に押し込め、だまされないためにどうしたらよいか考える、あるいはあら捜しをして非難する、といった防衛的で単純な意味ではないことに注意してください。なお、前節で示したゲートキーパーの存在を意識するなら、メディア・リテラシーに関する文章や番組も、メディア・リテラシーの視点からクリティカルに読み解かれなくてはなりません。

「リテラシー」は「読み書き能力」と訳されますが、メディア・リテラシーは新たな読み書き能力として、ますます求められていくことでしょう。

(2) 情報の洪水

さて、図7-2を見てください。この中のセリフ（「情報が多すぎてわけがわからなくなってしまいました」）は、私たちがメディア社会で置かれている状況を、見事に象徴しているともいえます。多種多様なメディアから得られる情報があまりにも多いために、もはや処理できる限界を超え

てしまい、行動を決定できなくなっているのです。

　どのような状況でも、情報は多ければ多いほど望ましい、と考えられがちです。しかし、視点を変えると、必ずしもそうとはいいきれません。個々の情報は、しばしば食い違っています。総合して判断をくだすのは、容易なことではありません。たとえば、結婚や就職、育児から、ダイエットや健康食品、ファッションに至るまで、行動を決めかねている間にも、大量の新しい情報が、メディアから提供され続けています。必要な情報を見極めることができず、そのほとんどが自分にとって無意味となる「情報の洪水」の中で、私たちはときにイライラしながら、いわば立ちすくんでしまうのです。

　そこで、皆さんの中には、こんなふうに考える人もいるかもしれません。誰かが取捨選択ずみの情報だけを提供してくれれば、迷わないですむから、ストレスにならない。いちいち検討したり深く考

図7-2

（出典）いしいひさいち『鏡の国の戦争』
潮出版社、1993年（©いしいひさいち）

えたりしなくてすむから、すぐ行動できて効率がよい。だから、これがあなたに必要な情報です、と何についても誰かが決めてくれるなら、それに従って生活することは、意外に快適ではないか、と。

　もちろん、私たちは、多かれ少なかれ特定のメディアを指針として生活しています。しかし、もしそれが生活のあらゆる領域に及び、特定の考え方や価値観を持つ「誰かほかの人」の判断に何もかもゆだね、自分で考えることを一切放棄してしまうとき、人は奴隷となってしまいます。もし主体的に生きようとするなら、情報を処理し続けるわずらわしさに耐えながら考え続ける持久力と、みずから選択して行動する勇気を持たなければなりません。

　自身が情報の「送り手」「作り手」となることも視野に入れながら、単なる「受け手」ではない能動的な「読み手」となること。過剰な情報に溺れて思考停止しないこと。これらが、メディア社会を生きる私たちに求められているのです。

（村田雅之）

第 8 章　情報と社会

《第 8 章のポイント》
1. もともとの予言が誤りであったとしても、反応した人の行動を媒介して、予言どおり、あるいは予言と逆の現象が生じることがあります。
2. この過程を意図的に利用して、自分の望む結果を得ようとすることが、多くの領域で試みられています。
3. 社会への情報発信が容易になりつつある現在、情報発信が引き起こす結果に対する想像力や感受性を養うことが必要です。

　この章では、情報としての予言（状況規定）がもたらす効果に着目します。中心となる概念は、R. K. マートンが提示した「自己成就的予言」と「自己破壊的予言」、すなわち「社会現象において予言が、予言された事態に影響を及ぼし実現されるケースと、かえって阻止されるケース」（見田宗介・栗原彬・田中義久編『社会学事典』有斐閣、1984年）です。

1　自己成就的予言

(1) 予言が自分を実現する

　皆さんは、試験を前にして、どんな気持ちになるでしょうか。ダメだったら、苦手なあの問題が出たら、周囲ができるヤツばかりだったら、などと弱気になって、追い込みの時期に勉強が手につかない、という経験をした人もいるのではないでしょうか。十分合格できるはずなのに、

きっと不合格になる、と思い込んだために、悩むことで勉強時間を浪費したり、不安で実力が発揮できなかったりして、実際に不合格になってしまった人もいるかもしれません。

　ところで、皆さんの中には、銀行に預金口座を持っている人もいるでしょう。もし、その銀行が倒産して、預金を引き出すことができなくなる、といううわさを聞いたら、どうしますか（預金保護制度は考慮しません）。もちろん、最初は疑うでしょう。でも、うわさが正しい可能性があるかもしれない、と認識すれば、とりあえず倒産の前に預金を引き出す方が安全だ、と考えるかもしれません。もし、同様に考えた大多数の預金者が、預金を引き出してしまえば、銀行は経営を維持できなくなり、うわさどおりに倒産してしまいます（「取り付け」といいます）。マートンは、アメリカの旧ナショナル銀行が、でたらめなうわさによって、このしくみどおりに支払不能に陥った事例（寓話）を紹介しています（R. K. マートン『社会理論と社会構造』みすず書房、1961年）。日本でも1973年に豊川信用金庫で、2003年には佐賀銀行で、幸い倒産には至りませんでしたが、取り付け騒ぎが起きています。

　試験と銀行預金ですから、二つの例には関連がないように見えます。しかし、実は共通のしくみがあります。両方とも、「不合格になる」「倒産する」という主観的な思い込み（状況規定）が、実際には正しくなかったとしても、人がそれに基づいて行動した結果、その状況が実現してしまう、ということです。

　ここで、「状況規定」を「予言」と表現してみましょう。このとき、予言が、予言された事態に影響を及ぼし実現されるケース（あるいはその場合の予言）を、「自己成就的予言」といいます。なお、この「予言」は広義の意味であり、「……の大予言」のような、災害や危機の予告に限られないことに注意してください。

(2) 予言が自分を強化する

　予言は、もともとは正しくなくとも、それに基づく行動によって実現してしまうと、あたかもはじめから正しかったかのように見えてしまいます。このため、予言した人は状況規定の誤りを反省するどころか、現実が自分の正しさを証明したかのように感じて、はじめの思い込みを深めてしまう可能性があります。

　たとえば、ある上司が、最近の若者はすぐ辞めるから戦力にならない、という偏見を露骨に態度に出して、新入社員たちに接していたとします。新入社員たちは、どうせ辞めるだろうから、と仕事をろくに教えてもらえず、徐々に意欲を失い、次々と退職してしまいました。予言どおりに、会社の戦力にならないまま辞めていく姿に、上司は自分の態度を反省するでしょうか。むしろ、自分の若者観はやはり正しかった、と納得して、さらに偏見を深めてしまうのではないでしょうか。また、特定の経験や属性を持つ子どもを、周囲の人々が、どうせ不良になる、というレッテルを貼ったとします（「ラベリング」といいます）。その子は、白い目で見られ、さびしくてつらいので、唯一受け入れてくれる非行グループの仲間に入りました。そして、レッテルを剝がせぬまま、いつしか非行を重ねるようになり、不良のレッテルを自分でも受け入れていったとします。その姿を見た周囲の人々は、思ったとおり不良になった、最初のカンは正しかった、と思ってしまうかもしれません。

　このように、自己成就的予言は、先入観や偏見を維持・強化し、再生産するはたらきを持ってしまうことがあります。皮肉なことに、先入観や偏見の持ち主は、結果だけを見て、その結果を招いたのがほかならぬ自分たち自身であることに気づかないのです。

　ところで、年末など高額当選宝くじの発売時期になると、売り場前にできた長い行列の様子が、しばしば報じられます。連続して高額当選が

出た売り場を紹介する番組や記事も珍しくありません。どこで買っても当選確率は同じはずなのに、高額当選が連続する売り場が、たしかに存在するようです。やはり幸運を招くのでしょうか？

　この現象も、自己成就的予言と考えれば説明できます。つまり、「幸運の売り場」という状況規定に基づいて、人々が殺到すれば、その売り場の販売枚数は、他の売り場よりずっと多くなります。確率として、高額当選が連続して出やすくなるのは当然なのです。販売枚数が増えれば、はずれくじの数も増えるので、「幸運の売り場」は、夢破れた人を他の売り場より多く生んでいるはずです。しかし、誰もそのことにふれようとはしません。人々はくじではなく一時の夢を買っている、ともいえるので、メディアが現象の片側しか報じていない、などと指摘するのは、野暮というものかもしれません。

　偏見や宝くじの例のように、自己成就的予言は、循環的な連鎖によって結果が増幅する過程をしばしば含んでいます。この過程を「ポジティブ・フィードバック」といいます。一方、エアコンの温度調節や体温調節などのように、一定の秩序を維持するように制御される過程は「ネガティブ・フィードバック」と呼ばれ、両者は対概念になっています。この「ポジティブ・フィードバック」の存在に気がつくと、他の現象、特に徐々に「泥沼」化していくケースについて、同様の視点から考えることができるようになります。不調を気に病みすぎてよけい不調になる、話し下手だと思うと緊張してますます話し下手になる、不得意と思い込むと努力する気になれずさらに不得意になる、先取点を取られて弱気になったせいで攻め込まれてさらに点差が広がる、もてないと悲観していつも暗いのでますますもてない、といった、日常によく見られる「悪循環」も、「自分自身に対する自己成就的予言」の視点から見直してみることができるのです。

2 自己破壊的予言

(1) 予言が自分を破壊する

さて、図8-1をごらんください。

登場人物たちは、「まだ人に知られてないからすいている」という情報に基づいて温泉にきました。実際は大混雑でした。「3日前のワイドショー」で仕入れた情報です。ワイドショーが、誤った情報を流したからでしょうか？

おそらく、テレビ局が取材した際には、「まだ人に知られていなかった」のでしょう。しかし、多くの人がテレビでその存在を知り、すいていることを求めて行動すれば、結果として混雑するのは当然です。「すいている」という状況規定 – 予言は、その予言がなければなされなかった人間行動によって、いわば阻止されて、破壊されてしまいました。このように、予言が、それに基づく行動によって自滅するケース（あるいはその場合の予言）を、「自己破壊的予言」あるいは「自殺的予言」といい

図8-1

(出典) 秋月りす『OL進化論』第14巻、講談社、1998年（©秋月りす）

ます。
　たとえば、「抜け道マップ」の情報で近道しようとしたら混んでいた、という事例も、同様の視点から説明できます。もともと「抜け道」は、地元の人しか知らないときや、口コミで情報が共有されているうちはすいています。しかし、テレビや雑誌によって知られてしまえば、多数のドライバーの集中を招き、結果として抜け道でなくなってしまうことがあるのです。このように考えると、いわゆる「穴場情報」があてにならない原因が、当初の情報の誤りなのか、それとも情報に基づく人間行動の集積なのか、すぐには判断できないことがわかります。

(2)　**評判やうわさも自殺する**
　「自己破壊的予言」は、混雑に関わる場面だけでなく、多くの場面に見出されます。たとえばスポーツです。選手やチームが、次の試合は楽勝、という周囲の評判を知ったとします。もともと評判が立つほど強かったのですから、従来どおりにしていれば勝っていたのに、油断して練習や調整を怠り、試合で負けてしまうことがあります。監督やコーチが、試合前の選手たちを周囲の情報から遮断するのは、この可能性を回避する意図があるのでしょう。
　学校に関連する場面では、入学試験や就職試験、学科やゼミの所属選抜などがあります。今年は倍率が高くなる、といううわさが流れたために、皆が敬遠してしまい、意外に低い倍率になることがあります。逆に、誰でも入れる、といううわさによって、希望者が集中してしまうこともあります。
　いずれの場合も、予言としての評判やうわさが、それに基づく行動によって「自殺」していることがわかります。

3 自己成就と自己破壊

(1) 段階的な条件を確認する

これまで示してきたケースは、「予言の実現可能性が認識され／その認識が人々の行動を誘発し／その行動が事態の進行に影響を与える」という段階的な条件を満たしています。

たとえば、「3日後に大地震が起こる」という予言について考えてみましょう。この予言について、誰も存在を知らない場合や、内容を信じない場合は、条件に合いません。仮に多くの人が信じて、避難生活用の食料や飲料水を準備したり、家具を補強したりしたとしましょう。それでも、地震発生は人間の主観や行動とは無関係ですから、どのような対処行動も事態の進行に影響を与えません。人の主観や行動が影響しない自然現象の発生や運行は、自己成就にも自己破壊にも該当しないのです。

さて、テレビの野球放送の解説者が、投手の投球を見て「そろそろ交代させないと打たれる」とつぶやいた直後の一球を、打者がホームランにしたとします。選手たちの行動によって、予言どおりの結果が生じましたが、これは自己成就的予言なのでしょうか。この場合も、解説者の発言が選手たちの行動を誘発した、とは考えられないので、どちらにも該当しないことになります。

(2) 具体例を判定する

あるスポーツ選手が、「勝てない」という周囲の評判を知ったとします。勝てるはずなのに弱気になり、萎縮したり諦めたりしたために負けてしまえば、自己成就的予言になります。評判どおりに弱かったのに、逆に奮起して、必死に練習したために勝てたとしたら、自己破壊的予言にな

ります。同じ予言が、行動次第で反対の結果を導くので、どちらにあてはまるのか、については、予言の内容だけでなく、過程全体の文脈を検討しなければ判定できません。

「自己成就的予言」や「自己破壊的予言」のような概念を使いこなすには、現実のどのような過程ならその概念にあてはまるのか、見分ける力が必要です。そこで、具体的なケースを判定する練習をしてみましょう。

まず、何が予言であるか、そして予言が事態の進行に影響するかどうか、確認してください。もし影響しないなら、どちらでもありません。次に、予言に基づく行動の結果、予言が実現されれば自己成就的予言、自滅すれば自己破壊的予言、と判定します。

「成就」という言葉には、「恋の成就」や「大願成就」のような用法がありますが、一方の「破壊」という言葉には、悪いイメージが伴いがちです。この連想から、よいことや楽しいことは自己成就的予言、よくないことや苦しいことは自己破壊的予言と、短絡的に判定しないよう注意してください。

では、試してみましょう。

（練習問題）
　次のそれぞれについて、自己成就的予言にあてはまるものに○、自己破壊的予言にあてはまるものに△、どちらにもあてはまらないものに×をつけてください。
(1)　ある経済評論家が、独自の分析から、株価下落が見込まれる会社リストを作成し、雑誌に掲載した。下落を恐れた人々が、リストにある会社の株を一斉に売り払ったため、それらの会社の株価は暴落した。
(2)　次の日曜は猛暑になるでしょう、との天気予報がテレビで出ていた。しかし、実際には台風が来て、暴風雨になってしまった。

(3) 次の連休、中央高速道路は大渋滞になるとの予報が、ニュースで繰り返し報道された。当日は皆が混雑を避けようとしたため、実際には平日なみの交通量だった。
(4) ある女性が、姑（夫の母親）と妻との不仲がテーマのテレビドラマに、強い影響を受けた。自分の姑に対して、どうせ受け入れてもらえない、と身構えて接したため、互いに敬遠するようになってしまい、ドラマ同様不仲になった。
(5) ある教祖が、1カ月後に世界は滅亡する、と予言した。予言がはずれたにもかかわらず、教団の人々は、自分たちの信仰の深さに免じて世界が救われたのだ、と結論づけて、ますます結束を固めた。
(6) 生徒会なんかたいしたことはできない、と決めつけた一般の生徒たちは、総会などの会合に出席せず、提案を無視し続けた。生徒会役員たちは提案を実行できず、無力なままで任期を終えた。
(7) ある候補者が優勢という予測が報道された。危機感を失った陣営や党派が対策を怠る一方、投票しなくても大丈夫と考えたもともとの支持層が棄権し、勝たせたくないと考えた無党派層が対抗候補者に流れたため、この候補者は僅差で落選してしまった。
(8) 女性は理数系が苦手、という先入観が広がった。苦手と思い込んだ女性たちは、理数系を学ぶ意欲を失い、本当に苦手になってしまった。結果として、理数系で活躍する女性比率は高まらず、先入観はますます強固になった。
(9) 大学近くの店が、新入荷の服に「売れています！」「キャンパスで大流行！」という札をつけて宣伝した。キャンパス内で同じ服を着た人に会うのを皆が避けようとしたため、他の服が平常どおりに売れる中、この服だけがまったく売れなかった。
(10) トイレット・ペーパーがなくなる、といううわさが流れた。スーパーの行列や売り切れの貼り紙を見て、半信半疑だった人々も買いだめするようになり、たちまち各地でトイレット・ペーパーが品切れに

なった。
(11)　政府が、今年は米の生産が過剰になるとの予報を出した。生産者たちが、市場に米が余って値崩れすることを恐れて減産したため、結果的には過剰どころか米不足になってしまった。
(12)　1カ月以内に未来の結婚相手に出会います、という占いを読んだ。もしかしてこの人かしら、と異性との積極的な会話を心がけたら、親しく話すようになった人と交際することになり、実際に結婚した。

　自己成就的予言や自己破壊的予言にあてはまるケースは、日常をよく見回せば、いくつも見出すことができるはずです。ぜひ、皆さん独自のケースを探してみてください。

4　戦略的な予言

(1)　予言で希望を実現する

　前節までに示した例では、予言がもたらした結果は、いわば「意図せざる結果」でした。予言（状況規定）した人は、その結果をもたらそうと、意図的に予言したのではありませんでした。そこで、皆さんの中には、こう考える人もいるでしょう。予言が、いろいろな現象を導きうることはわかった。それなら、意図的に予言をして、人の行動を導けば、自分の望む結果を実現することができるのではないか？

　実は、予言の効果を意図した、いわば戦略的な予言は、私たちの日常にしばしば見出されます。たとえば、雑誌などに「私は……になる」という願望を強く持つことを勧める記事があります。そこでは、願望を実現するために小さな努力をする　→　その努力で小さな目標を実現する　→　はげみになってますます努力する　→　好循環を繰り返して目標

達成する、という一連の過程を、意図的に引き起こすことが想定されています。また、いわゆる「プラス思考」でポジティブに考えることを勧める記事には、前向きに意欲や自信を持つことで状況を好転させる、あるいは弱気や無気力による悪循環を回避するための方法論が示されています。これらは、いわば「自分で自分を情報操作」して、自己成就的予言の効果を戦略的に得る方法を説いている、ともいえます。

　育児や教育、人材育成などの場面では、「ほめて育てよ」ということがよくいわれます。ほめられた人が、よい子、できる学生、伸びる社員など、ほめ言葉どおりの肯定的な自己観念を持つようになり、対応した行動をとるようになることで、ほめた内容が実現すること（＝自己成就的予言）を想定している、といえます。無理にほめようとしているのを見透かされたり、監督が「おまえこそがうちのエースだ」と投手全員にささやいているのが知られてしまったり、ほめすぎて逆効果になったりすることはありえますが、少なくとも叱るだけの接し方よりは有効な戦略といえるでしょう。

⑵　メディアが因果を逆転する

　ファッション雑誌には、「春、コレが流行る！」「この夏、絶対に流行るモノ！」「冬の完売寸前アイテム！」「今すぐ買わなきゃ！」といった記事の見出しが、しばしば見られます。あたかも、そのシーズンがくる前から、流行や完売が確実に見込まれているかのようです。もちろん、多くのファッション雑誌は、流行を「予測」して読者に伝える役割を期待されています。ところが、その記事は同時に、流行をいわば「誘導」するはたらきも持っています。読者たちが、記事の見出しや内容に基づいて商品を次々と購入すれば、またファッション産業がそれを見越して生産し店頭に並べれば、実際にヒットして、記事が「予測」した流行を

実現することになるからです。つまり、流行が見込まれるから取り上げられるのではなく、取り上げられるから流行する、ということになり、一般に想定されている原因と結果が逆転することになります。音楽ページの「ブレイク寸前アーティスト！」、グルメ向けページの「次に来るのはこの味だ！」といった記事も、売れそうだから取り上げられるのではなく、取り上げられるから売れるのではないか、という視点から考察することができます。これらは、純粋な将来予測というよりも、関連産業とタイアップして、自己成就的予言を意図的に導入した広告戦略、と考えることもできるでしょう。

　同様の視点から見ると、「行列のできる店」という宣伝コピーが、いかに巧みな戦略になりうるか、理解できます。仮に、実際には行列が存在しなかったとしても、「行列のできる店」としてメディアに露出し、思惑どおりに人々が行列を始めれば、行列ができるほどの店、という状況規定がさらに広がり、行列はより長くなるでしょう。そうなれば、もともと行列に値する店であったかどうかはどうでもよくなってしまい、待ち時間を嫌って断念する客が出てくるまで、行列が行列を生む、という自己増殖的な結果だけが残ることになるのです。このケースも自己成就的予言であり、「取り上げられる」が「売れる」に先行する、という意味で、因果が逆転しています。もちろん、戦略が成功するかどうかは、入店した客たちからの評価にも依存しますし、人々がこの状況規定を信じなくなった段階で、戦略は有効性を失うことになります。

　メディアを利用し、予言の効果を用いて因果を逆転させるカラクリに気づくことで、マーケティング戦略に対する理解を深められるだけでなく、より賢い消費者となることができるでしょう。

⑶　ネットのうわさが企業を殺す

　皆さんの中には、インターネットで最新の企業情報を収集して、株式売買をしようと考えている人もいるかもしれません。ネット上には、多種多様な企業情報を発信できる場（掲示板など）が数多くあり、投資家たちの株式売買の材料になっていますが、そこには真偽の定かでない情報も混在しています。

　株式相場を変動させて利益を得るために、根拠のないうわさを流すことを、「風説の流布」といいます。エイズワクチンの臨床試験を始めた、という偽情報を流して株価をつり上げたケースなどが知られていますが、以前から問題視され、証券取引法による摘発の対象（懲役または罰金）になっていました。特に、経営危機や倒産に関わる風説は、事実無根であっても株価を引き下げ、結果として「嘘から出たまこと」になってしまう（自己成就する）可能性があるため、企業にとっては危険なものです。ところが、ネットの普及によって、情報発信者の特定が難しくなったうえに、悪質な風説でも瞬時に広がってしまうため、その危険性が急激に大きくなっています。「手形決済不能か」などというネット風説によって株価が暴落し、以後株価低迷から復活できずに倒産したスーパーの例もあります。企業は危機管理を、証券取引等監視委員会は監視体制をそれぞれ強化していますが、ネット上の監視には限界があります。悪意を持って自己成就的予言のしくみを利用し、市場の制御をたくらむ人々にとって、ネットの世界は都合のよい場となっているといえます。

⑷　**景気がいいってことにする**

　図8-2をごらんください。

　有効な景気対策が見出せない状況で、「奥の手」が提案されました。「景気がいい」という虚偽の情報によって、好景気を引き起こす、という戦

図8-2

（出典）いしいひさいち『いしいひさいちの問題外論』第14巻、チャンネルゼロ、1998年（©いしいひさいち）

略です。皆さんは、この「奥の手」が、自己成就的予言を意図した情報操作であることが、すぐにおわかりになるでしょう。現実には不景気であっても、「景気がいい」という状況規定が広まってさえくれれば、国民の消費や経営者の投資は拡大します。そうなれば、当初の消費や投資が、次の消費や投資を連鎖的に生むので、お金の流れがよくなり、この循環を繰り返すうちに好景気がもたらされる、という思惑です。ただし、思惑どおりにうまくいくには、人々が「景気がいい」という情報を信じること、あるいは（情報を信じなくても）他の人々が消費や投資を始めていることを知ること、さらにその認識に基づいて、消費や投資を一斉に始めることが前提になります。逆にいうと、誰もが不景気と考えている状況では、その状況規定そのものが自己成就してしまうので、不景気から抜け出すことはなかなか困難なのです。図の作品を見ると、この程度の戦略では、どうやらお粗末すぎて、人々は思惑どおりに行動してく

れませんでした。しかし、もし現実に「奥の手」が成功して好景気がもたらされたとしたら、情報操作、大衆操作を伴うこの戦略を、皆さんはどう評価するでしょうか？

　このように考察を深めてみるとき、図の作品は、自己成就や自己破壊を利用した情報操作が政策として導入される危険性、情報操作を用いてでも国民の多くが望む結果を導くことの倫理的な是非、などの重要な論点の存在に気づかせてくれるのです。

(5)　予言が自分を犠牲にする

　たとえば、技芸で自分を乗り越えてほしいと願う親が、子どもを発奮させようとして、お前は絶対に私を越えられない、と告げたとしましょう。子どもが、その一言を覆そうと必死で努力したため、親以上の技芸を身につけることができたとしたら、親にとって「望みどおりに予言がはずれた」ことになります。また、今後数十年でこの資源は枯渇する、という警告が、科学者たちによってなされたとしましょう。この種の危機を訴える警告は、予言が実現しないように対処せよ、というメッセージでもあります。人々が危機感を持って採掘量を減らし、代替資源を開発して枯渇が回避されたなら、科学者たちの「期待どおりに予言がはずれた」ことになります。

　これらの例のように、自己破壊を予期した予言が戦略的になされ、それに基づく行動によって、予期どおりに予言がはずれるケース（あるいはその予言）を、「自己犠牲的予言」といいます。少々複雑に感じるかもしれませんが、予言の効果を意図して戦略的に用いられる点では、この節で示してきた他のケースとも共通しています。

5　私たちに求められること

(1)　成熟した読者や視聴者になる

　新聞社やテレビ局などの報道機関は、自己成就的予言や自己破壊的予言に関わる難問に、しばしば直面しています。たとえば、ある金融機関が破たんする可能性があることを、取材で確認したとします。経営危機をそのままニュースとして報道すれば、1節で紹介した「取り付け」が起こるかもしれません。そうなれば、経営危機の報道は自己成就して、現実の破たんの引き金を引くことになります。健全経営の機関にも取り付け騒ぎが伝染し、昭和初期に日本でも起こった金融恐慌に発展するかもしれません。つまり、報道がその想定される役割を越えて、新たな社会現象を引き起こすことになるのです。しかし、取材で状況を把握していながら、自粛して報道しない、という選択をすべきかどうか、またどの段階になったら報道すべきなのか、といったことは、簡単に結論が出せることではありません。各報道機関は、みずからが社会現象を引き起こす可能性を常に意識しながら、その都度、判断と見識を問われているのです。

　同様の難問は、「自殺」「犯罪」「いじめ」などの報道にも存在します。これらに関する報道は、社会に事態の深刻さや緊急性を伝え、防止に寄与するでしょう。一方で、報道機関の取り組みの真面目さや、こころざしの高さにもかかわらず、報道が行為の敷居を下げ、類似事件の連鎖的な発生を導く可能性が危惧されています。

　ニュース報道などメディアによる情報発信が、自己成就や自己破壊の過程を通して、社会現象の動向に与える影響を見極めること。さらに情報発信のあり方を、自分とメディアの両方の立場から考えること。これ

らを試みることのできる、成熟した読者や視聴者になっていくことが、私たちに求められている、といえるでしょう。

(2) 結果に対する想像力を持つ

　銀行が倒産する、といううわさで、皆が預金を引き出してしまえば、本当に倒産してしまう、という例を、もう一度思い出してください。この例は、預金者がうわさの「内容を信じて」一斉に預金を引き出した、ということを、隠れた前提としています。ここで逆に、預金者たちは誰もうわさの内容を信じなかった、と仮定してみましょう。たとえ嘘だとわかっていたとしても、うわさを聞いた自分以外の預金者が一斉に預金を引き出す、と予測すれば、倒産で自分だけ損をすることを恐れて、預金者たちは皆、預金を引き出さざるを得ません。結果として、見かけ上は、皆が信じた場合と同じ現象が生じます。すなわち、「他者の行動による自己成就」を見越して行動する人々の存在を仮定するだけで、自己成就的予言は起こりうることになります。ということは、全員が信じることによる自己成就と、誰も信じないにもかかわらず生じる自己成就が(理論上は)存在し、現実のケースはその間にある、と考えることができます。皮肉なことに、人々が自己成就的予言について知識を持ち、理解していれば「取り付け」が避けられる、ということにはなりません。逆に理解していればいるほど、その発生に加担せざるを得ないケースもあるからです。社会的な不安の蔓延する状況下では、流れる情報がささいな嘘や冗談、ちょっとした思いつきであろうと、また社会現象の成り行きについて知識のある人がたくさんいようと、思わぬところで自己成就的予言が発生する可能性があるのです。

　1節でふれた豊川信用金庫の取り付け騒ぎは、女子高校生の冗談が発端でした。佐賀銀行の騒ぎは、1通の携帯メールが発端でした。ともに、

ある段階で一斉にうわさが拡散し、大きな社会現象になりました。これらの実例から、ここで示した理論的可能性に至るまで想定してみるとき、情報の発信というものが、自己成就や自己破壊の過程を媒介して、さまざまな社会現象を引き起こす潜在的な可能性に、あらためて気づかざるを得ません。インターネットなどによって、社会への情報発信が容易になりつつある現在、情報発信が引き起こす結果に対する想像力や感受性を養うことが、私たちに求められている、といえます。それは同時に、情報発信に込められた意図を見破る力を磨くことにもつながるでしょう。

(3) 社会学なんか役に立たない？

さて、世の中には、「社会学なんか役に立たない」という先入観を持っている人がたくさんいるかもしれません（皆さんはどうでしょうか？）。本当に役に立たないかどうかはさておき、この先入観が広がってしまえば、多くの人にとって社会学を学ぶ意欲や情熱は失われ、真剣に学ぶ人は少なくなってしまうでしょう。そうなると、理解され、研究され、活用されることが減ってしまうので、先入観はますます強化されることになります。この自己成就的予言を回避するには、どうしたらよいのでしょうか？

皆さん自身が、社会学をしっかり学び、役立てていくことで、この悪循環を起動させないようお願いして、この章を閉じます。

（村田雅之）

第9章　個人・集団・地域・社会

《第9章のポイント》
1. 個人的な利益をめざす行為が集積して、「自分で自分の首を絞める」という結果に陥る状況を「社会的ジレンマ」といいます。
2. 自分は「コスト」を負担せずに「利益」だけ受け取る人を、「ただ乗り」の意味で「フリーライダー」といいます。
3. 皮肉なことに、「敵」の存在こそが集団をまとめることがあります。
4. 理論や概念について、その有効性や射程の確認を試みることが、学びを深めるうえで重要です。

　この章では、個人の行為から地域、社会全体に影響が及ぶ過程について、いくつかの概念をキーにして、見通すことを試みてみましょう。具体的には、「社会的ジレンマ」「フリーライダー」「凝集性」といった、個人による行為選択の集積結果に関わる概念を取り上げ、事例をもとに考えていきます。

1　社会的ジレンマ

(1) 社会的ジレンマの構造

　社会的には望ましくないと仮に頭ではわかっていても、「自分1人くらい」と思って行動することは、皆さんの日常にもしばしばあるでしょう。しかし、全員が同様に考えて行動したら、社会全体にとって、ひい

ては一人一人の個人にとって損失を招くことになります。

　このように、目先の利益を求める個人の行為が集積して、長い目で見れば「自分で自分の首を絞める」という結果に陥る状況を「社会的ジレンマ」といいます。影響が巡り巡って自分に返ってくること、行為の集積を想定すること、全員が協力すれば誰にとっても望ましい状況が生じることがポイントです。したがって、一方的に他人に迷惑をかけて自分は困らない状況や、二者択一で迷って個人的に葛藤している状況は「社会的ジレンマ」とはいいません。

(2)　わかっちゃいるけどやめられない

　猛暑の夏を思い出してください。熱中症を防ぐために必要ともいえるのですが、エアコンは一日中つけっぱなし、入浴やシャワーでふんだんに水を使って、どうにか暑さをしのごうとした人もいたでしょう。一人一人にとっては、その行為は快適さを維持するうえで「必要」です。しかし、社会の全員が水や電気を無制限に使えば、結果として、給水制限や電力制限となって、不便な生活を強いられることになるでしょう。

　また、外出するときに自家用車を頻繁に使った人もいるでしょう。徒歩に切りかえたり、公共交通機関を使ったりすれば、排気ガスの量を抑えられることは、誰もが頭ではわかっています。ところが、快適さを求めて誰もが自家用車を使ってしまえば、二酸化炭素は削減できません。長い目で見れば、「地球温暖化」などのコストを、全員が負わなければならなくなります。

　地球環境については、「共有地の悲劇」の寓話がよく知られています。共有地（コモンズ）に牛を放牧している人々を考えてみましょう。それぞれの牛飼いが、より多くの利益を求めて、より多くの牛を放牧しようとします。全員が際限なく牛を増やしていけば、共有資源としての牧草

はいずれ食べつくされてしまい、牛はやせ細り、共有地は荒廃して共倒れになってしまいます。また、ある水域で漁師たちが競って乱獲すると、繁殖が追いつかなくなって漁業資源が消滅する、熱帯林を住民が無制限に伐採すると、植物の生育が追いつかなくなって森林資源が消滅する、などの現象も、「長期的な自滅」という同様のメカニズムとして考えることができます。

　さて、友人たちのグループで、自分だけ目立とうとして、高価な商品(ブランドものの服やアクセサリー、最新の電子機器など)を購入したとします。直後は、思惑どおりに目立つことができるかもしれません。しかし、グループの全員が購入を競いあうようになると、「目立つ」という目的は達せられないまま、全員の出費だけが果てしなく増大していくことになります。ドーピングが過激化していく一部のスポーツ選手のような状態です。

　過剰な安売り合戦も、同様に考えることができます。ある販売店(電気製品、紳士服、ファストフードなど)が、お客を呼ぼうとして、利益を度外視した大安売りを始めたとします。いったん価格競争が始まると、地域の他店も追従せざるを得ません。もはやいくら売れても利潤が出ない段階に突入しても、以前の水準に価格を戻すことができなくなります。消費者としてはありがたいのですが、地元の業界は全体が赤字になって、共倒れになってしまいます。

　国際社会における「存在感」を示そうとして、ある国が急に軍備を拡張し始めたとします。周辺の国々は、相対的に存在感が薄れるのを恐れ、さらにその国から攻め込まれるリスクを想定して、それぞれに軍備を拡張し始めます。軍拡競争によって、軍事費の負担と戦争のリスクが、すべての国々に重くのしかかることになります。

　これらのケースを見ると、皆が「不毛な競争」であることに気づいても、途中で「降りる」のがむずかしい、さらには「誰もが幸せにならな

い」という皮肉な側面を共有しているのが、おわかりになるでしょう。

　上の例のように、「望ましくないとわかっちゃいるけどやめられない」ために、結果として「自分で自分の首を絞める」現象は、日常のあらゆるところに見出すことができます。

(3)　誰かがやってくれればいいのに

　教室や研究室、クラブの部室や更衣室などに、ゴミが散乱している状況を考えてみましょう。改善すべき状況を前にして、皆が「誰かが片付けてくれるといいのに」と思います。しかし、面倒だからと誰も手を出さなければ、結果としてゴミだらけの空間で、不快な日常を強いられ続けることになります。定例清掃日に住民が誰も集まらないため、汚れ放題になっているアパートやマンションも同様です。

　さて、皆さんの中には、いわゆる「クラス会」「同窓会」でかつての友人と再会することを熱望している人もいるでしょう。ところが、会の開催には、一般に世話役となる「幹事」が必要です。会場の手配、進行の企画、各方面への連絡など多くの事務作業が伴うため、卒業以前に担当者が確定していないと、何年も経ってから自発的に引き受けてくれる人は、なかなかいないかもしれません。そうなると、皆が開催を望んでいるにもかかわらず、いつまでも会は開かれないまま、時間だけが過ぎていくことになります。ゼミやクラブの「新歓」「合宿」「忘年会」などの幹事を押し付けあっているうちに、時機を逸して開けなくなってしまった、というようなケースも、同じ構造から生じています。

　これらのように、皆が「望ましいとわかっていてもコストを負担したくない」ために、（誰もが望んでいるにもかかわらず）その状況が実現されず「自分で自分の首を絞める」という例も、日常のどこにでもあるといえるでしょう。

このように考えてみるとき、現代の多くの社会問題は、「社会的ジレンマ」の視点から見ることが可能であることがわかります。この概念は、一人一人が自分の利益を最大化しようとして行動すると、集積を通して社会の不利益となり、結果として個々人も利益を失う、という皮肉な可能性について、教えてくれているといえるでしょう。

2　フリーライダー

(1)　教室の中の「ただ乗り」

　皆さんは、共同で実験や調査をしてレポートにまとめる、分担や協力をして一つの作品を制作するなど、さまざまな授業で「グループ作業」をすることがあるかもしれません。目標に向かって力を合わせて作業する過程からは、自分一人だけで作業する過程とは別に、たくさんのことを学ぶことができます。また、社会に出ると、業務や制作作業はグループで行われることも多いので、学生のうちに経験を積んでおくことは重要ともいえます。

　しかし、この「グループ作業」が苦手、という人もいます。「他人と相談して決めていくのがめんどう」「声の大きい人やできる人の主張ばかり優先される」などの理由が推測できます。一方で、「いつも参加しない人のせいでやる気がなくなる」「がんばってもサボっても同じ評価なので割が合わない」というように、「グループなのに自分だけ楽をしようとする人」「要領だけで得をする人」への不満が理由である人もいるでしょう。

　ほかの人の「コスト」負担をあてにして、自分は貢献（コスト負担）せずに、いいところ（「利益」）だけ受け取る人を、「フリーライダー」といいます。「フリー」は「無料」、「ライダー」は「乗る人」で、「ただ乗り」の意味です。

「コスト」を負担しなくても、皆の望む「利益」を受けられる（「非排除性」）ことがあります。「グループ作業」の例であれば、協力しなくても誰かがやってくれて、楽をして「よい成績」や「単位」がもらえるなら、進んでがんばろうという気持ちは、しぼんでしまうかもしれません。そして、全員が「ただ乗り」しようとして、誰も作業しなければ、結局は期日までに間に合わないか、誰かが犠牲になって他のメンバーの作業も引き受ける（押し付けられる？）ことになるでしょう。皆さんの中には、毎回その「誰か」になりがちなので、うんざりしている人もいないでしょうか。いずれにせよ、皆が協力し合っていれば、回避できたはずの結末です。

　このような結果を防ぐためには、どうしたらよいでしょう。おそらく最初に思いつくことは、協力的でない人に対して、ふまじめな姿勢をとがめたり、ちゃんと参加するように警告したりすることでしょう。しかし、これは多くの人にとって、あまり気持ちのいいことではありません。また、グループを代表して行動しただけなのに、個人的に「さかうらみ」されるリスクを抱え込むことになるかもしれません。全員参加のはずの教室清掃やクラス行事を怠ける人を注意して、逆ギレされるケースと同様です。それゆえに、対策のコストを自分が負うのはしんどいので、「誰か自分以外の人」が警告してくれればいいのに、と皆が考えます。

　そうなると、「イヤな思い」というコストを負担せず、「メンバー全員の協力（フリーライダー問題の解決）」という利益を受けるために、非協力者に「警告」する役割を譲り合う（押し付け合う？）ということになってしまいます。このようなケースは、「ただ乗り」対策コストをめぐって「ただ乗り」しようとするという意味で、「二次のフリーライダー問題」と呼ばれます。さらに、「二次のフリーライダー」を防ごうとすると、その防止策（「きちんと警告するように警告する」「罰するのを怠ける人を罰す

る」など）のコスト負担について、誰かに押し付け「ただ乗り」するという「三次のフリーライダー問題」が想定できます。つまり、問題がいわば「先送り」されるだけで、いつまでたっても根本的な解決に向かいません。

　このように、教室の中だけでさえ、「フリーライダー」を防止することは、なかなかむずかしいことがわかります。教員の側でも、「成績評価に参加の度合いを反映させる」「ただ乗りへの警告は学生相互ではなく教員から行って、高次のフリーライダーを防止する」など、具体的な防止策を導入する必要があります。皆さんなら、先生にどんな対策を立ててほしいですか？

(2) 大集団での「ただ乗り」

　さて、「フリーライダー」が、教室や研究室の中だけでなく、集団で協力し合うところなら、どこにでも発生することは、容易に想像できます。皆さんのアルバイト先や職場、クラブやサークルなどを思い浮かべてみれば、「ただ乗り」している人がすぐに思いあたるでしょう。家庭内にも、ほんとうは家事などを分担する約束だったはずなのに、なし崩し的に「ただ乗り」している人がいないでしょうか。

　ところで、授業でのグループのように、集団を構成する人数が少なければ、誰が怠けているか把握すること、すなわち、誰が「ただ乗り」しているのか、見通すことができます。一方で、規模の大きな集団だったらどうでしょう。「自分一人くらい協力しなくても（「コスト」を支払わなくても）気づかれるわけがない」と考えて、誰もが「ただ乗り」をめざしてしまうかもしれません。そうなると、「誰もが望む目標」であるにもかかわらず、いつまでも実現できないことになってしまいます（大規模集団に関する「オルソン問題」）。

「地域を変えていく」「社会を変えていく」といったことがむずかしい理由の一つが、実はここにあります。
　たとえば、図書館、病院、託児所、公園など、多くの地域住民が望む施設について、設置を要求したり、誘致したりするケースを想定してみましょう。そのためには、署名運動をする、自治体に陳情する、業者と交渉するなど、さまざまな作業が発生します。そのための時間的、労力的な「コスト」は、相当の量になるかもしれません。しかし、地域住民全員が協力し合えば、一人一人の負担は、劇的に軽減します。
　一方で、地域住民は多数いますから、自分一人が協力しなくても、さほど目立ちません。さらに、仮にがんばった人たちの苦労が実って、これらの施設が完成したとき、協力しなかった人は、その非協力的な姿勢ゆえに、利用を断られることになるでしょうか。これらの施設は、その公共性ゆえに、開かれていることが原則です（先に述べた「非排除性」）。したがって、貢献や協力をせず（「コスト」を支払わず）、「ただ乗り」する方がよい、「（傍観しているうちに）誰か自分以外の人々が実現してくれる望ましい地域環境」を利用するだけの方がよい、と大多数の人が考えて行動を起こさなければ、運動は盛り上がらず、途中で立ち消えになってしまうでしょう。
　さらに集団の規模を大きくして、「社会」のレベルで考えてみましょう。「ただ乗り」に気づかれる可能性は、ほとんどなくなっていきます。そこで、「誰か自分以外の人々が一生懸命作ってくれる望ましい社会の実現」に、全員が「ただ乗り」しようとするなら、何が起こるのでしょうか。「誰も望まないにもかかわらず、変わってくれない社会」に、全員が住み続けなければならない状況に帰結するのかもしれません。
　「フリーライダー」の概念を理解すれば、「人は集団の共通利益実現に向けて自分から協力（貢献）するはず」という認識が、楽観的にすぎる

ことに気づくことができます。人々を、そして何より自分を、「ただ乗り」する存在と認識するのは、たいへん苦々しいことです。しかし、この過程によって、非現実的な期待や、現実と乖離した社会認識に陥るのを防ぐことができるのです。

現代社会の重要な課題であるにもかかわらず、「社会的ジレンマ」や「フリーライダー」を確実に克服、解決するための方法論は見出されていません。「社会学」だけでなく、「心理学」「経済学」などのさまざまな研究領域で、今も多数の研究が進められているのです。

3 集団の凝集性

(1) 「一致団結」の実現

前節までは、人々が「皆にとって望ましい目標の実現」に向けて、いわば「一致団結できない」（あるいは皆が「非協力」を選択してしまう）状況について考えてきました。ここでは逆に、人々が「一致団結する」状況について考えてみます。まず、「一致団結」が実現される具体的な事例を示しましょう。図9-1をごらんください。

「手っ取り早く仲直りするには　共通の敵が現れればいいんです！」「地……固めるには　共通の敵を与えればいいんです！」「共通の敵を作れば　仲直りできるよ」のように、登場した女性は次々とたたみかけます。その流れの中で、「浮気をする男」を「私たち共通の敵！」とみなすことで、女性たちは急激に結束を固めることになりました。

この例は、第3章（社会学と集団）で紹介された「凝集性」（「集団のまとまりの強さ」を表す概念）の特徴を、みごとに体現しています。

たとえば、自分の所属していたクラスが、「まとまりがなくてバラバラ」だった経験がある人もいるでしょう。一方で、スポーツ大会、合唱

図9-1

(出典) 久米田康治『さよなら絶望先生』第15巻、講談社、2008年 (©久米田康治)

　コンテスト、文化祭など、他のクラスと対抗する状況で、急に（妙に？）クラス内が一丸となって連帯することがあります。担任の先生がいくら嘆いてもバラバラで、短時間の教室清掃すら協力しなかったメンバーたちが、人が変わったように熱心にまとまって、恥ずかしくなるくらい盛り上がっているのを見ると、今までは何だったのか、と驚いてしまいます。クラブやサークルなどでも、「今度の対抗戦では、○○○にだけは絶対に負けない！」という目標のもとに結束して、特定の時期に限っていきなり団結、連帯する状況を、現実に、あるいはマンガやアニメーションの物語の中に、目撃した人もいるでしょう。

　これらの例のように、(「味方」ではなく)具体的で明確な輪郭を持つ

「敵」の存在こそが集団を一つにまとめる、という皮肉な現象は、よく知られています。また、「共通の敵」を意図的に設定して「対外危機」をあおり、集団内部の凝集性を回復、維持しようとする政治的な「操作」の危険性は、「政治学」などの領域でも、しばしば議論されてきました（第3章参照）。図の例も、この発想（「仲直り」という目的のために「敵」を意識的に設定）を、巧みに物語の中に組み込んでいるのがおわかりになるでしょう。

さて、上のように人々が団結するしくみを活用して、「社会的ジレンマ」の解決につなげることはできないか、と考える方もおられるでしょう。たとえば、何らかの情報提供や働きかけ、話し合いの実施などによって凝集性が高まり、各メンバーが「われわれ意識」を持てるようになったとします。そうなることによって、人々は自分の利益だけでなく、皆の利益をも考慮して行為選択するようになる、と互いに期待できるようになります。「ネズミたちがネコの首に鈴をつける」「銃を持った犯人に一斉に飛びかかる」「残酷な圧制者に対して一斉に反旗を翻す」といった（「共通の敵」を設定しうる）「社会的ジレンマ」の解決方法においては、どのように意思疎通を行い、互いを信頼し、「運命を共にする」という認識を共有できるかが重要となります。

(2) 「いじめ」のメカニズム

ところで、いわば「都合よく」、常に「外部」に「敵」が立ちはだかってくれるわけではありません。そこで、集団はしばしば、その「内部」に「敵」を作り出してしまいます。皆で寄ってたかって、特定の内部メンバー（「スケープゴート」＝いけにえの山羊）を攻撃したり排除したりすることで、まとまりを回復しようとするのです。皆さんも、グループの一人や、クラブの先輩、アルバイト先の店長などの悪口を言い合ってい

るとき、その場にいるメンバーの間に、一気に妙な連帯感が生じるように感じた経験がないでしょうか。

　すぐに連想できるかと思いますが、「いじめ」現象は、残念ながらしばしばこのメカニズムで発生し、維持されます。内部の「敵」の作られ方には、根拠や法則性は必要ないかもしれません。したがって、いつ、どんな理由で自分が「標的」になるかわかりません。誰もがびくびくとおびえて、「傍観者」の役割に徹しようとしてしまいます。結果として、たまたま現在進行している「いじめ」に、皆が間接的に協力してしまうのです。

　この現象にも「社会的ジレンマ」の側面があることに、お気づきかもしれません。「もうこんないじめはやめるべき」と誰もが思っていても、人前で提案するなら、自分が標的になるリスク（コスト）を負担することになります。「今こそ動かなければ」と誰もがわかっていても、自分だけがコストを負担するのは、誰もが避けたいと考えます。しかし、誰も動き出さなければ、皆でいつまでもおびえ続けなければならず、「自分で自分の首を絞める」ことになるのです。「自分が動き出しさえすれば、皆も一斉に協力して動いてくれる」「自分の勇気が見捨てられることはない」という「信頼」の共有などが重要になりますが、解決は容易ではないともいえます。

4 より深い学びのために

　前節の例では、「共通の敵」の存在を皆で認識することで、女性たちの集団は一致団結することができました。しかし、図9-2を見てみましょう。
　物語の中では、生身の人間を喰う「巨人」たちによって、惨劇が繰り返されます。

「もし… 人類以外の強大な敵が現れたら 人類は一丸となり 争い事をやめるだろうと… お主はどう思うかの？」という司令の問いかけに、兵士は「ずいぶんと呑気ですね… 欠伸が出ます…」「その強大な敵にここまで追い詰められた今でも 一つになったとは言い難い状況だと思いますので…」と答えます。人類にとって「共通の敵」としての「巨人」が現れても、「誰か」のことば（＝理論）のとおりには、人類は戦いに向けて一丸とはなっていない、という現実を、皮肉を込めて指摘しているのです。

図9-2

（出典）諫山創『進撃の巨人』第3巻、講談社、2010年（Ⓒ諫山創）

　理論どおりに凝集性が容易に回復されない背景には、物語中のさまざまな思惑が錯綜する一方で、少なくとも「巨人」に生きたまま捕食（！）されるかもしれない、という強烈な恐怖心が存在します。戦わなければ、人類はいずれ皆殺しにされるか、住む場所を失って全滅します。それがわかっていても、いま戦うなら、すぐその場で無残な死を遂げるリスクを負わざるを得ません。

　たとえば、悪質な暴力団の排除に向けて、地域住民が共闘するケースを考えてみましょう。暴力団は、具体的で明確な「共通の敵」として認識できるうえに、地域住民は「私たち」の闘いという強い意識を共有で

きるかもしれません。一方で、運動に対して、自分や家族が報復の標的になることへの恐怖心は強烈です。地域住民全員が、必ずしも「一枚岩」になれないこともあるでしょう。前ページの図は、物語の中だけでなく、現実に起こりうるこのような事例を、すぐに連想させることができるのです。

このように考えを深めてみると、図9-1の例（「浮気をする男」）とは、状況の切迫さや深刻さが、前提として大きく異なるのがおわかりになるでしょう。逆にいえば、理論や概念の適用に伴う前提条件をきちんと把握して考察することが、私たちにとって重要な作業となります。

ところで、2節では、人は「ただ乗り」してしまうために、地域や社会を変えていくための試みは頓挫するのではないか、と論じました。しかし実際には、個人的なコスト負担が大きいにもかかわらず、社会にはさまざまな住民運動が生じています。社会をよくするために、「割に合わない」ことを、誰にも気づかれることなく、一生懸命続けている人もたくさんいます。すなわち、理論的な帰結は、私たちの「生きる現実」を、必ずしもそのままで説明しきれてはいないのです。

社会学を学ぶにあたっては、理論や概念を、鵜呑みにして丸暗記することが大事なのではありません。まずは自分自身の生活環境に適用できるか、有効性や射程を確認してみることが重要です。さらに、理論や概念が、どのような条件のもとであれば十分に適用可能となるのか、どのような変数が加わったり除かれたりしたら有効でなくなるのか、地道に検討を積み重ねていく作業そのものが、社会学の深い学びをもたらしてくれるのです。

（村田雅之）

第10章　現代社会に求められるもの

《第10章のポイント》
1. 社会学で扱うさまざまな社会現象のありようが、時代とともに移り変わっています。
2. 現代社会の諸問題に対して、先人たちの英知も借りながら、複眼的な思考で取り組む姿勢が求められています。
3. 社会学的な考え方をすることで、今まで見えなかったものが見えてくる可能性があります。

　本書では、社会学で扱う領域について、その基本的な考え方を紹介してきました。最終章である本章では、現代において、そのありようが近年大きく変わりつつある家族や労働、倫理といったテーマを取り上げます。伝統的な考え方を紹介したうえで、それを近年見られる現象と対比しながら検討します。

　最終節では、読者の皆さんに社会学の立場からアドヴァイスをしたいと思います。これは物事を考えるときの習慣としてお奨めしたい内容で、社会人の基礎リテラシーととらえていただいてもよいでしょう。

1　家族

(1) 家族は社会の基礎集団

　私たちは、生まれてから死ぬまでの間にさまざまな種類の集団に属す

ることになります。その中で「家族」は人がその人生の最初に出会い、所属する集団であるといえるでしょう。一般に家族は「婚姻によって成立した夫婦を中心として、その近親者が共同で生活する集団」などと定義されますが、その機能、社会学的意味についてはさまざまな考え方があります。

　社会全体を考えるとき、家族はどのような役割を果たしているのでしょうか。アメリカの文化人類学者G.マードックは、家族をそのメンバー構成から分類したうえで、祖父母や既婚の兄弟などとの同居による家族形態もすべて核家族（夫婦と未婚の子どもから構成）が結びついたものと考え、その固有の機能として以下の4点を挙げました。

①性的機能
②生殖的機能
③教育的機能
④経済的機能

　すなわち、人は家族を持つことによって性的欲求を満たし、子どもを作り、育てる、その消費をとおして経済的単位としても機能している、というわけです。マードックは、性的・生殖的機能がなければ社会が、教育的機能がなければ文化が、経済的機能がなければ生命が消失すると述べています。

(2) 子どもの社会化と成人の安定

　また、アメリカの社会学者T.パーソンズは、マードックの四機能を基本的に受け継ぎつつ、以下の二つに整理しました。

① 子どもの社会化。(性、生殖の結果として子どもを産み、教育する)
② 日常生活とくつろぎの場。(メンバーに物質的保護と精神的安定を与える)

　第一には、子どもを作り、社会の一員となれるレベルにまで教育する(社会化する)ことが挙げられています。そして、社会化が大切なのは子どもだけではありません。大人になったメンバーも人格の安定をもたらす、物質的な保護と精神的豊かさを与えることの重要性が意識されています。

　マードックやパーソンズの論は、家族の本質的な側面を指摘していますが、これをもって家族の普遍的機能を提示したとはいいきれません。たとえば、家業という言葉があるように、家族と職業生活が密接に結びつく場合があります。宗教的な単位として機能した時代や文化も存在しました。逆に現代的なテーマでいえば、「年老いた親を子が介護するというのは家族の機能として考えなくてよいのか」とか、「子どものいない夫婦は家族といえないのか」といった問題提起ができます。家族の機能は伸縮自在で、歴史的・社会的条件によってはじめて特定化されうるといえるでしょう。

(3)　これからの家族像

　家族の機能は、歴史的、社会的な環境により変化するといいましたが、これからの社会の中で、家族という生活の共同体はどのように変わっていくのでしょう。戦後の日本では、まず核家族化の進展が見られました。現在は、非婚化や晩婚化、子どもを作らない夫婦の増加も指摘されています。少し先走ってみれば、マードックやパーソンズの考えていた家族という機能が崩壊に向かっているとすらいえるのかもしれません。

こうした家族をめぐる傾向を説明するとき、現代社会の重要な概念である「個人主義」の影響を考えざるを得ません。個人主義のもとでは「自律性」が強調されます。それは一言でいえば、「人は皆、自分の考えで自由に行動し、結果に責任を持つ」という考え方です。自分なりの自由な選択と判断により、少なからぬ人数の人が「家族を持たない（結婚しない）」という判断をしているとすれば、その自律的な判断は尊重されるべきでしょう。たとえば、利潤の追求を目的とする企業などの場合と違い、社会の基礎集団である家族の場合、その基本性ゆえに、逆に存続意義、目的はそれほど明確ではありません。「家」や「一族」というものと社会的地位との結びつきや、皆が結婚し家庭を持つのが当然という社会規範、そうしたタガが外れて、個人の選択の帰結となったとき、家族を運営するという判断は必ずしも絶対的なものではないということなのかもしれません。

　しかし、このようにも考えられないでしょうか。家族を持つ／持たないが個人主義のもとでの自律的判断の結果だとして、仮に皆が結婚もしない、子どもも作らないと決めたら、いうまでもなく人類は滅亡してしまいます。価値観が多様化する中で、それらがすべて等価なのか、価値に順列はないのか。私たちに身近な家族というテーマは、そうした問題を考えさせてくれる材料ともいえそうです。

モラトリアム

　ドイツ生まれの精神分析学者E.エリクソンが提示した概念で、青年が親からの援助や保護によって大人としての責務を免除されている状態を指します。学校を卒業しても職に就かずに、親の援助で暮らす若者の比率は一貫して増加傾向にあります。モラトリアムは「猶予」を表し、この言葉の中には「やがては独立する、それまでの一時的な状態」という

意味合いがありますが、最近は、先の見通しもなく、延々と猶予状態が続くケースも少なくないようです。

　また、職業を持っていても、親元から離れず同居し、親から有形無形の恩恵にあずかっている独身者を「パラサイト・シングル」と呼びます。パラサイトは「寄生」ですから、いささか辛辣な呼び名ですね。モラトリアムもパラサイト・シングルも、子どもの結婚独立による家族の再生産とは逆方向の流れであり傾向であるといえるでしょう。

2　倫理

(1)　倫理とは何か？

　私たちが社会生活を送るにあたり、その行動が「自由な」選択に基づくものであることはとても大切です。でも、誰もがその自由を拡大し、気ままに行動するとしたらどうでしょうか。やがてそれは誰か別の人の自由とバッティングしてしまいます。社会の秩序を保つためには、個々人の自由には何らかの合理的な制限が必要で、これらは社会規範と呼ばれます。倫理や道徳は、こうした社会規範のもととなる原理と考えればよいでしょう。

　倫理のとらえ方は、大きく二つに分かれます。一つは、これを神が作りたもうた永遠不変の真理ととらえる立場で、カントやプラトンが代表的です。今一つは、倫理は長い年月を経て歴史的・発展的に形成される社会的合意と考える立場で、この考え方の代表選手はアリストテレスです。また、カントは倫理の基準となる「善」という概念について、善かどうかはその行為の出発点による動機によると考えたのに対し、アリストテレスは行為の到達点である結果に求めました。前者は動機主義、後

者は結果主義と呼ばれます。

　不変の真理か社会的合意かという論点は、倫理が時代や文化とともに変わりゆくものかどうかという問いかけでもあります。「人を殺してはいけない」といった絶対的な倫理を考えると前者に説得力があるようにも思えます。しかし、たとえば一般的に常識とされる職業観や結婚観などが時代とともに変わったり、社会規範の厳しさや適用範囲が変動する様子をみると、その原理となる倫理そのものも長い年月で発展的に形作られていくように思えます。マクロ的な視点で見ると、私たちの一人一人が倫理の形成者であり担い手である、と考える方がすっきりするかもしれません。

(2)　法と倫理

　「倫理なんていう曖昧なものよりも、法律ではっきりと『やってはいけないこと』を定め、違反者は罰する方がいい」、こう考える人は少なくないでしょう。社会規範の中でも、とりわけ「法」は、明確性や公平性の面で優れており、社会の秩序維持に大きな役割を担っています。しかし、社会のすべての事柄を法によって位置づけ、解決しようという考え方にはやはり無理があるといえます。

　まず、法というものが基本的に私たちの「自由を制限するもの」であることは銘記しておく必要があるでしょう。法によって個人の細かな行動について制限をかけたり、罰則をひたすら強化したり、状況の変化に応じて頻繁に内容を変更したりすれば、それは人間の自由を脅かすことになりかねません。その結果、法は、特に罰則については私たちが一般に考えるよりも多少ゆるめになることが求められます。たとえば「殺人犯人に懲役7年の判決」などと報道されると、「あんなにひどいことをして、たったの7年？」と感じる場合もあるかもしれません。しかし、こ

図10-1　法と倫理の関係

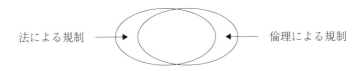

うしたいわば「ゆるさ」「とろさ」は法の宿命ともいえるのです。罪と罰のバランスがたとえ完璧には取れていないとしても、私たちは「それでは」と犯罪を犯すわけではありません。「これはやってはいけない」という倫理観は、多くの場合、罰が恐いという法的拘束よりも強く作用しているのです。

　また、法による規制内容と、社会における一般的な倫理観がずれているケースもあります。たとえばギャンブルは、公営など例外的な場合を除き、わが国では違法とされていますが、多くの人にとって、それほど倫理的に強い抵抗感はないでしょう。シートベルトをつけないで運転することはれっきとした道路交通法違反ですが、違反切符を切られた人に対して「運が悪かったね」という人はいても、当事者を強く非難したり、軽蔑したりする人は少ないはずです。反対に、結婚しているのにほかの異性と浮気をするような人は、倫理的に強く非難されることが多いですが、こうした行為は法律で直接的に禁止されているわけではありません。

　法による規制と倫理観による規制は、少し守備範囲を異にしながら、お互いを補完し合っているといえます（図10-1）。双方が有機的に作用し合って社会の秩序を保っているのです。

> **情報倫理**
>
> 　アメリカの倫理学者 J. ムーアがコンピュータ倫理という概念を提示したのは、1980年代のことでした。急速に進む情報化に対応する新しい倫理が必要と考えられたわけですが、当初は、医師や弁護士に独特の倫理が求められるように、コンピュータ技術者のあり方が多く議論されました。
>
> 　インターネット時代の今、コンピュータ倫理は、技術者のみならずすべての人に必要な倫理となり、情報倫理という言葉がしばしば用いられるようになっています。ネット上のエチケットの問題、情報の改ざん、名誉の毀損、著作権の侵害、個人情報の流出、不正アクセス……、ネット社会は今までに存在しなかったような新たな社会問題を作り出しました。こうした事態に直面し、「法」や「技術」と手を携えて、ともに対処する「倫理」の重要性が叫ばれています。「情報倫理」は私たち一人一人がこれから作り出し、支えていかなければならないものであるといえるでしょう。

3 労働

(1) 働くことの意味

　私たちは、社会の中での活動を通してさまざまな価値を生み出します。たとえば美味しいパンが私たちのもとに届くまでを考えてみましょう。誰かが小麦や塩などを生産し、また別の誰かがそうした材料を調達し、パンを焼きます。焼き上がったパンを袋に詰め、別の場所に運び、運ばれたパンをお客さんに売る、これらはまた別の人が行うでしょう。それぞれの過程でそれぞれの人が、少しずつ付加価値をつけていきます。こ

の対価として報酬を受け取り、私たちは生活しているのです。価値を生み出すことで社会に貢献する、働くことが非常に重要な行為であることが感じられます。しかし、「働く」の代わりに「労働」という言葉を使うと話は少しややこしくなるのです。

　労働は、「人間が、その存在にとって必要なものを、頭脳、身体、道具を使って作り出す、目的意識的な活動」などと定義され、まさに社会の中で価値を生み出す行為といえます。ただ、資本主義社会において労働あるいは労働者といった場合に、資本あるいは資本家との対比で語られることが多いのです。

　ドイツの哲学者K.マルクスは資本主義社会における資本と労働のあり方についての問題点を指摘しています。生産物はすべて資本家に独占され、労働者は自分で自分の仕事内容や働き方を決めることができず、競争を通じて他の人間との対立を強いられる。その結果、人間は本来の自分を失ってしまう。このような状況を、彼は「疎外」と呼び、資本主義の矛盾として厳しく批判しました。現在においては資本家という語はあまり用いられませんが経営サイドと労働者に軋轢がないわけではありません。「使う者」と「使われる者」がいる以上、そこにある種の緊張感が生まれるのは当然のこととともいえるでしょう。

(2) **自己実現としての労働**

　マルクスの「疎外」概念について後に実証的な研究を行ったのが、アメリカの社会学者R.ブラウナーでした。彼によれば、定型的で低熟練な手作業労働（自動車組立工）では疎外感が強く、伝統的な手作業労働（印刷労働者）や非作業的な責任労働（化学オペレーター）では労働者の疎外感はほとんど見られなかったのです。いわゆる職人の世界や、みずから意思決定ができる非定型業務に就く場合、人は「疎外」感の指標である

「無力」や「無意味」、「孤立」「自己疎隔（自分が自分でないような感覚）」から解放されるということをブラウナーは主張しています。

　与えられた環境の中で、ほかに選択の余地もなく、ただひたすら単純な作業をこなしていく、無力感や孤立感はそうしたときに生まれてくるものなのかもしれません。一方で、仕事に工夫や選択の余地があったり、その仕事を通じて自分自身の成長が感じられる場合は、疎外とは無縁の労働生活を送ることができそうです。

　マズローの欲求段階説（第1章参照）における下位欲求（生理的欲求や安全的欲求）で仕事をする場合は、生活のためにしかたなく、イヤイヤ仕事をすることもあるでしょう。しかし、仕事を通じて自分が成長していくと感じられる、あるいはその仕事をすることで自分らしさが体現できる、人間の自己実現としての労働は、おそらく喜びと充実感に満ちたものになるはずです。その場合、仕事はもはや生活のための手段的行為ではなく、自己充足的行為です。

　自己実現としての仕事をしていくことは簡単ではありません。まず自分にとって充実感のある職業を選ばなければなりませんし、選ぶ自由を持つ程度の知識や技能も必要です。若年者ならば、自分がどのような職業生活を送りたいのか、キャリアプランニングをしっかり立てることも重要でしょう。アメリカの経営学者Ｐ．ドラッカーはいっています。「人間は、自分の得意な仕事をやりたがるものである。その意味で、能力は勤労意欲の基礎である」。好きな仕事が見つからないと嘆くより、まず実力をつけ、自信を持ってことにあたることができれば、だんだんとその仕事も好きになれるのかもしれません。

　一人の人間が働かずに一生を過ごすことは難しいと思われます。手段的行為として逃れられないのならば、いっそ自己充足行為に昇格させられることができるよう努力することには意味がありそうです。

> **ニート**
>
> ニート（NEET: Not in Employment, Education, or Training）は、イギリスで生まれた言葉で、就業、就学、職業訓練のいずれもしていない若年無業者のことを指します。働く意欲を持ちながら就業できない失業者と異なり、働くという意味での社会参加の意欲を喪失した状態で、すでに日本でも50万人以上いるともいわれています。
>
> 働かなければ生活ができなくて困るはずですが、ほとんどの場合、親が援助を行っています。手段的行為としての労働から解放されている人が、自己充足的な仕事を見つけることができず、その結果、仕事をしない（将来に仕事をするための準備もしない）という選択をしているわけです。モラトリアムが職業生活を始めるまでの猶予期間ととらえられたのに対し、ニートの場合はやがては職業に就くという前提もありません。こうした状況が個人にとっても社会にとってもよいことのはずもなく、豊かな時代に新たに登場した深刻な社会問題といえるでしょう。

4 社会学を学んだ皆さんへ

皆さんはこのテキストを通じて、社会学という学問の入口に立ち、その扱っている内容に少なからずふれました。読後の感想はいかがでしょうか？　内容に興味が持て、もう少し詳しく知りたいと感じて頂ければ、私たち筆者にとっての大きな喜びです。

最終章の最終節となる本節では、社会学的な視点から読者の皆さんへのアドヴァイスとしたいと思います。社会学が教えてくれること。皆さんがこれから人生のさまざまな場面で学び、考え、行動していくうえでの参考となれば幸いです。

(1) 当たり前を排す

　社会学のアプローチは、「誰も知らなかったことを知ろうとする」というよりも、「誰も考えなかったような考え方で意味づけをしてみる」ことに重点が置かれます。私たちを取り巻く社会について、ひねったり、ナナメ下45度の角度から見てみたり、もし、それがなかったらなどと考えてみたり……。「そんなこと当たり前」「〇〇さんがそういっているのだから」などと考えたら最後、そこで思考は止まってしまいます。ちょっと素直じゃない態度で物事にあたること、それが社会学的といえるかもしれません。

　もちろん、私たちの日常で、「今の行為にはどういう意味があるのだろう」などといつも考えていたら、息が詰まってしまいます。流すときは流す。でも、ときには、立ち止まって考えてみる、問い直してみる、当たり前を疑ってみる。そうすることで、今まで見えなかったことが見えてくることもあるでしょう。

(2) 情報の目利きになる

　私たちのまわりには、それこそ情報があふれかえっています。その内容たるや、ダイヤモンドのような輝けるものから、ゴミくず同然のものまで、まさに玉石混交です。また、情報の持つ意味・価値は、それを受け取るタイミングや場所、受け取る人の知識の度合いや立場などによって変幻自在です。このやっかいな情報という存在をうまく活用し、自分の思考に役立てていくのはそう簡単なことではありません。

　情報の目利きになる第一歩は、常に複数の情報源にあたる習慣をつけることです。第7章で学んだように、メディアからもたらされる情報には、伝達者の意図が何らかの形で介在しています。一つの情報源だけにたよらず常に複数のソースから情報を得るように心がけるのがよいでし

ょう。「同じ社会学の本でもこっちとあっちではずいぶん書き方が違うなあ。扱っている項目も同じじゃないなあ」などと、比較検討することにより、一つの情報に対して少し距離を置いて、相対化して見ることができるようになります。わかりやすくいうと「1冊の本だけ読んで、レポートを書いてはダメですよ」ということです。

　また、情報を集めっぱなしにしないで、こまめに整理し、不要なものを捨てる習慣をつけるのもよいと思います。頭の中でゆっくり整理する時間がない人は、物理的に雑誌や新聞記事、書籍などを整理してみるだけでも違います。情報は量を競っても意味がない。あくまでも質が大切で、その質は、あなた自身にとって意味・価値がどの程度あるかに尽きるわけですから、情報の整理・分析はその本人がやるしかないのです。

⑶　考えを表現する

　情報の整理にも関わることですが、仕入れた情報を頭の中で処理して、自分の言葉で表現することは重要です。わが国の教育では、伝統的に知識を付与することに力点が置かれてきました。児童や生徒は、先生から漢字や文法、算数の公式や歴史の年号を教えてもらいます。その情報をインプットし、自分の知識として定着させることが重要で、これがまさに勉強の目的と考えられています。でも、たとえばアメリカの初等教育では、ＳＨＯＷ＆ＴＥＬＬという科目が置かれ、自分の好きなモノについて、クラスメイトの前で発表（プレゼンテーション）をすることが求められます。情報のインプットだけでなく、効果的なアウトプットをすることが教育プログラムに入っているのです。

　自分が学んだことや考えていることを発表することが、なぜ重要か。文章表現であれ、口頭表現であれ、ひとたび発信された思考は、その発信者を離れ、ほかの誰かの耳目にさらされることになります。ときには

厳しい批判を受けることもあるでしょうし、誰か別の人の考え方に大きな影響を与えることもあるかもしれません。これはとても意味のあることです。

また、わかりやすく、かつ説得力のある表現をしなければならないとなると、その準備の過程でさまざまな思考をめぐらし、あらたな発見に巡り会うことも少なくありません。英語はあまり好きじゃなかったけど、家庭教師のアルバイトで中学生に教え始めたら、その面白さに気づいたといった経験を持つ人もいるでしょう。考えをいったん形で表せば、あとから自分で見直し、距離を置いて相対的に検討することもでき、思考のトレーニングとしても効果的です。

イギリスの歴史家H.バックルは著書『英国文明史』の中で以下の言葉を残しました。「まず疑う、次に探求する、そして発見する」。これに加えて、発見した知見をぜひ皆さんに「表現」して頂きたい。そうお願いして本章を閉じることにします。

(大島　武)

事項索引

■ア行

アウラの消滅　45
アカデメイア　28
悪循環　100, 107, 114
穴場情報　102
アノミー　13, 24
アノミー的自殺　23
アノミー的犯罪　71
異化の欲求　26
いじめ　39, 112, 125, 126
意図せざる結果　106
営利性　49
エリート　43
オーディエンス　41
オルソン問題　121
オルレアンのうわさ　20

■カ行

外集団　38
階層　51～53, 66
階層化　66
科学的管理法　57
学歴社会　66
可処分所得　80
管理原則　51
官僚制　64
機会費用　77
企業　48, 49

擬似環境　89
基礎集団　40, 63
議題設定　91
機能分化　63, 64, 66
機能集団　40, 63
凝集性　→　集団（の）凝集性
共有地の悲劇　116
行列のできる店　108
経営の四大資源　53
結果主義　134
ゲートキーパー　87, 90～92, 94
ゴーイングコンサーン　55
合計特殊出生率　76
広告戦略　108
構成　89～92
合理的行為　8
高齢化社会　74
高齢社会　74
国民負担率　85
コンティンジェンシー理論　56

■サ行

産業化　62, 65
ジェンダー　14
事業部制組織　55
自己犠牲的予言　111
自己成就的予言　97～104, 106～110, 112～114
自己破壊的予言　97, 101～104, 106, 112
自己本位的自殺　23
自殺的予言　101
資産効果　84

社会移動　66
社会化　14, 85
社会主義　63
社会成層　66
社会的ジレンマ　115, 116, 119, 123, 125, 126
衆愚政治　44
集合的沸騰　42
終身雇用制度　79
集団規範　51
集団（の）凝集性　38, 115, 123, 125, 127
集団本位的自殺　23
少子化　74, 75
象徴的暴力　67
情報操作　107, 110, 111
情報の洪水　94, 95
情報倫理　136
職能別組織　55
人口転換　78
垂直的分業　36
水平的分業　36
スケープゴート　38, 125
生産の三要素　79
制度　50
戦略的な予言　106
疎外　137, 138
組織　53〜56
組織化　36, 63

■タ行

大衆社会　42
地位の非一貫性　67
地球温暖化　116
貯蓄率　80
同化の欲求　26
動機主義　133
都市伝説　22
豊川信用金庫　20, 21, 98, 113
取り付け　98, 112, 113

■ナ行

内集団　38
南北問題　69
ニート　139
人間関係論　58, 59
ネガティブ・フィードバック　100
年功序列賃金制度　79

■ハ行

パラサイト・シングル　77, 133
非合理的行為　8
非識字率　70
非排除性　120, 122
風説の流布　109
負担免除　13
プラス思考　107
フーリガン　44
フリーライダー　115, 119〜123
分業　51
偏見　99, 100
法人　49, 50
ポジティブ・フィードバック　100
ホモ・ルーデンス　16

■マ行
マトリックス組織　56, 57
満足の公式　9
メディア社会　87, 92, 94, 96
メディア・リテラシー　92〜94
モッブ　41
モラトリアム　132, 133
モラルパニック　71

■ヤ行
欲求相補説　32

欲求段階説　8, 138

■ラ行
ライフサイクル仮説　80, 85
ライン＆スタッフ組織　56
ラチェット効果　84
ラベリング　99

■ワ行
ワイドショー　101

人名索引

■ア行
秋月りす　101
アリエス，P.　29
アリストテレス　133
諫山創　127
いしいひさいち　95, 110
イリイチ，I.　29
ウインチ，R.　32
ウェーバー，M.　7, 64
エリクソン，E.　132
オルテガ，J.　43
オルポート，G.　20

■カ行
カイヨワ，R.　17, 18
カント，I.　133
クーリー，C.　39
久米田康治　124
コント，A.　3

■サ行
サムナー，W.　38
サン=シモン　62
下村健一　94
ジラール，R.　38
ジンメル，G.　26
菅谷明子　93
鈴木みどり　93

スティーブンス，W.　31

■タ行
高田保馬　40
タルド，G.　41
テイラー，F.　57
デ・グレージア，S.　25
デービス，K.　66
デュルケム，E.　13, 23, 42
テンニース，F.　39
ドーア，R.　85
トフラー，A.　61
ドラッカー，P.　138

■ハ行
パーク，R.　39
パーソンズ，T.　130, 131
バックル，H.　142
バーナード，C.　54
フォード，H.　64
ブラウナー，K.　137, 138
プラトン　16, 133
ブルデュー，P.　45, 67
ベンヤミン，W.　46
ホイジンガ，J.　16, 17
ポストマン，L.　20

■マ行
マズロー，A.　8, 138
マッキーバー，R.　39
マードック，G.　130
マートン，R. K.　97, 98
マルクス，K.　63, 137

146

水越伸　93
ムーア，J.　136
ムーア，W.　66
メイヨー，E.　58
望月峯太郎　88
モラン，E.　20

■ヤ行
吉見俊哉　93

■ラ行
ラッセル，B.　33
リップマン，W.　89
ルソー，J.-J.　29
ル＝ボン　41
ロジャーズ，E.　26
ローレンス，P.　56

〈著者紹介〉

髙木　聖（たかぎ　さとし）－第1章・第3章・第5章・第6章　担当
　　現職　東京工芸大学芸術学部教授
　　　　　1984年早稲田大学商学部卒業、1989年早稲田大学大学院商学研究科博士後期課程修了、1995年東京工芸大学女子短期大学部助教授、2004年東京工芸大学芸術学部助教授（2007年准教授）、2011年より現職。
　　専攻　金融経済・消費経済
　　著作　『はじめて学ぶ金融論』（共著）慶應義塾大学出版会、2004年、『金融と消費者』（分担執筆）慶應義塾大学出版会、2009年、『現代経済分析』（分担執筆）創成社、2010年、ほか

村田雅之（むらた　まさゆき）－第7章・第8章・第9章　担当
　　現職　中央大学総合政策学部教授
　　　　　1985年東京工業大学工学部卒業、1993年同大学院理工学研究科社会工学専攻博士後期課程修了・博士（工学）、1995年東京工芸大学女子短期大学部助教授、2001年東京工芸大学芸術学部助教授（2007年准教授）、2012年同教授、2018年より現職。
　　専攻　社会工学・教育デザイン
　　著作　『異文化間教育学の研究』（分担執筆）ナカニシヤ出版、2008年、『映像制作で人間力を育てる―メディアリテラシーをこえて―』（共著）田研出版、2013年、ほか。

大島　武（おおしま　たけし）－第2章・第4章・第10章　担当
　　現職　東京工芸大学芸術学部教授
　　　　　1988年一橋大学社会学部卒業、1988年～1995年日本電信電話株式会社勤務、この間、ロンドン大学インペリアル校経営大学院修了・経営学修士（MBA）、1999年東京工芸大学女子短期大学部助教授、2004年東京工芸大学芸術学部助教授（2007年准教授）、2012年より現職。
　　専攻　ビジネス実務論・パフォーマンス研究
　　著作　『ケースで考える情報社会』（共編著）三和書籍、2004年、『プレゼンテーション・マインド』マキノ出版、2006年、『プレゼン力が授業を変える！』メヂカルフレンド社、2010年、ほか。

はじめて学ぶ社会学　第2版

2006 年 4 月 10 日　初版第 1 刷発行
2014 年 7 月 8 日　初版第 6 刷発行
2016 年 2 月 29 日　第 2 版第 1 刷発行
2022 年 3 月 25 日　第 2 版第 3 刷発行

著　者————髙木　聖・村田雅之・大島　武
発行者————依田俊之
発行所————慶應義塾大学出版会株式会社
　　　　　　〒108-8346　東京都港区三田 2-19-30
　　　　　　TEL〔編集部〕03-3451-0931
　　　　　　　　〔営業部〕03-3451-3584〈ご注文〉
　　　　　　　　〔　〃　〕03-3451-6926
　　　　　　FAX〔営業部〕03-3451-3122
　　　　　　振替 00190-8-155497
　　　　　　https://www.keio-up.co.jp/
装丁————廣田清子
印刷・製本——株式会社イニュニック
カバー印刷——株式会社太平印刷社

Ⓒ 2016 Satoshi Takagi, Masayuki Murata, Takeshi Oshima
Printed in Japan　ISBN978-4-7664-2308-2

慶應義塾大学出版会

はじめて学ぶ社会調査 リサーチ・マインドを磨く8つのレクチャー

儘田徹著　学部生はもちろん、社会調査の基礎を学びたい大学院生や社会人のニーズにも応える入門書。量的データ、質的データの収集・分析から倫理面まで、社会調査の基本的な考え方と進め方を体系的、具体的に解説する。定価 2,200 円（本体価格 2,000 円）

アカデミック・スキルズ
実地調査入門 社会調査の第一歩

西山敏樹・常盤拓司・鈴木亮子著　はじめて社会調査を行う学生を対象に、調査の計画・実施とデータ分析の基礎について、事例を交えながら説明。データの収集法や分析法はもちろん、成果をレポートやプレゼンテーションにまとめる際のポイントまで解説した入門書。　　　　　　　　　　　　　　　　　　　　定価 1,760 円（本体 1,600 円）

レポート・論文の書き方入門 第4版

河野哲也著　累計発行部数 20 万部を超える当社最大のベスト＆ロングセラーを約 15 年ぶりに改訂。「テキスト批評という練習法」の解説を充実させ、注の形式に関する説明を整理・更新、参考文献とその解題も一新。初心者のための決定版！
定価 1,100 円（本体 1,000 円）

思考を鍛えるレポート・論文作成法 第3版

井下千以子著　累計 3 万部の好評レポート・論文入門書の第 3 版。文献の調べ方・読み方から、フォーマットを使った書き方までを懇切丁寧に解説。また、「引用」時の注意点の追加や重要単語の索引を付し、利便性を向上。　定価 1,320 円（本体 1,200 円）

アカデミック・スキルズ
学生による学生のためのダメレポート脱出法

慶應義塾大学日吉キャンパス学習相談員著　実際に大学の学習相談に寄せられた質問を元に、レポート・論文執筆のポイント／学習テクニックを、大学の学生相談員が「学生の目線」から易しく解説。この一冊で、"ダメなレポート"から脱出せよ！
定価 2,640 円（本体価格 2,400 円）